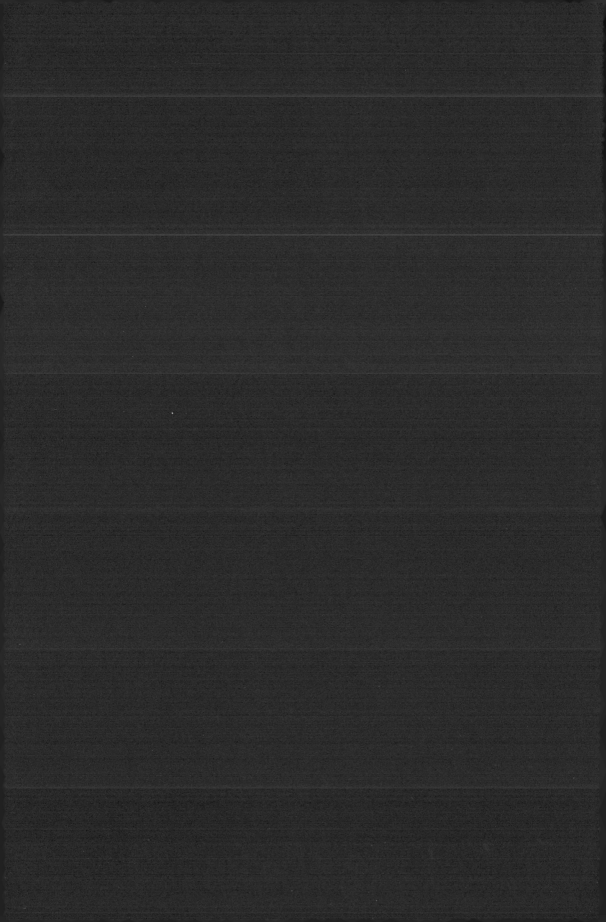

하버드의
숨은 뒷이야기

전직 외교관 · 현직 변호사

이지환

Jihwan Lee · Attorney at Law

HARVARD'S
HIDDEN STORY

박영사

머리말

"하버드대는 왜 이름이 하버드야?" 하버드를 방문한 친구가 필자에게 던졌던 바로 그 질문에 명쾌하게 대답하기 위하여 시작한 지적 발굴 작업의 결과물로서 시작된 이 책은, 하버드 캠퍼스에 얽힌 각종 역사적 이야기들을 가볍고 부담 없이 읽을 수 있도록 엮었고, 한눈에 보기 좋도록 삽화와 사진도 많이 넣었다.

원래 사람들은 이야기를 좋아한다. 그것도 흔히 들을 수 없는 흥미로운 이야기를 주고받으며 같이 재미있어 하다 보면 누구라도 즐거움을 느낀다. 그래서 시간 가는 줄 모르고 서로 이야기를 나누며 함께 담소의 꽃을 피우면 허물없이 가까워지고 친해지지 않을 수 없다.

필자가 하버드에 유학하고 있는 동안 부모님을 비롯하여 외교부 동기들, 학교와 사회의 선후배들 등 수많은 지인들의 하버드 캠퍼스 투어를 무료 가이드 한 덕분에, 필자는 하버드에 관한 고전 문헌 등 온갖 자료들을 통하여 약 390여 년간 쌓여온 하버드 역사를 두루두루 살펴보게 되었다.

하버드대학교는 미국에서 가장 오래된 고등교육 기관으로, 1636년 설립 인가되어 2년 뒤인 1638년에 개교하였다. 하버드(Harvard)라는 대학 이름은, 학교가 개교한 지 1년도 안 되어 시설과 재정이 열악하여 문을 닫았을 때, 거금을 기부하여 기사회생시킨 존 하버드(John Harvard)라는 청교도 성직자의 이름을 따서 지은 것이다.

대학의 교훈인 VERITAS(베리타스)는 라틴어로 "진리"라는 뜻으로서, 교표 문양도 '3권의 책' 위에 'VERITAS' 글자가 새겨진 방패 모양이다. 캠퍼스를 가로지르는 Charles강에서의 아이비리그 대항 조정 경기 때 선수들과 응원단에게 하버드 벽돌건물 색인 진홍색 스카프를 나눠주면서 시작된 이래 진홍색 'crimson'이 공식적인 하버드의 상징색이다.

하버드대학교는 찰스강을 중심으로 강북의 Cambridge City 메인 캠퍼스와 강남의 Boston City 올스턴 캠퍼스, Boston Longwood의 메디컬 캠퍼스에 각각 위치하고 있다. 5,457에이커(22,084,479㎡ = 약 668만평)의 부지에 진홍빛의 웅장하고 아름다운 건물의 대학, 대학원 및 전문대학원에서, 약 25,000여 명의 정규과정 학생들이 약 20,000명의 교수진 및 교직원 등 관계자들의 지도 및 지원 아래 치열한 학업과 연구 및 인턴십, 그리고 각종 동아리 활동 및 창업 활동 등을 하고 있다. 그렇게 살아 숨쉬는 하버드는 지금 전세계에 40만 명 이상의 동문을 가지고 있다.

학생들은 대부분 매년 8월 말에 도착하여, 1학기인 가을학기를 9~12월, 2학기인 봄학기를 2~5월에 이수하고, 소정의 과정을 통과하여 학위를 취득하면 5월 말경에 졸업을 한다.

하버드대의 학비는 연간 수업료와 기숙사비에 개인 생활비까지 포함하면 상당히 만만치 않은 수준이지만, 하버드대 학생의 약 70%가 일정 수준의 장학금 혜택을 받고 있다. 특히 하버드대학교는 캠퍼스 생활에 잘 적응하게끔 하며, 풍성하고 보람찬 학부 경험 및 강력한 인맥 형성을 할 수 있도록 기숙학교(Residential College) 제도를 채택하고 있기 때문에, 대부분의 하버드생들이 4년 동안 캠퍼스 내 기숙사에서 먹고 자고 한다. 물론 단체생활이 싫은 학생이나 석·박사 과정 대학원생은 좀 비싸더라도 Peabody Terrace와 같은 원룸(미국에서는 Studio라 함) 및 아파트 기숙사를 얻어 나가 살 수도 있다.

설립 초기 하버드대는 성직자 양성을 위하여 신학과 성경연구 위주로 교육하였으나, 미국이 영국으로부터 독립한 18세기부터 일반대학으로 바뀌기 시작하였고, 1977년 남녀공학을 목표로 래드클리프 여자대학(Radcliffe College)을 합병한 이래, 1999년에 마침내 하버드 대학교 학위 수여에 있어서도 차별이 없는 완전한 남녀 평등이 실현되기에 이른다. 그리하여 오늘날 하버드대학교는 자타가 공인하는 세계 최고, 최대의 학문의 전당으로 자리매김 되어 있다.

이 책은 위와 같은 하버드의 정사(正史)에 기반하되, 그간 세월에 묻혀 잊혀져 있던 숨은 뒷이야기들까지 먼지를 털어내고 윤이 나게 닦아 알기 쉽고 재미있게 엮었다. 뒷이야기라

고 해서 근거 없는 뒷담화 같은 뜬소문이 아니라, 정확하고 유의미한 역사적 사실만을 골라 실었다.

다만, 이번에는 지면의 제약상 행정대학원인 케네디스쿨, 경영대학원, 공학대학원, 의학대학원, 박물관, 미술관 등을 함께 다루지 못해 못내 아쉽지만, 다양한 자료들이 이미 잘 정리돼 있기 때문에 다음 기회를 기약하기로 한다.

바라기는, 많은 분들이 이 책을 재미있게 읽고, 매년 8백만 명 이상이 방문하는 세계적 관광 명소이기도 한 하버드대를 둘러보기 위한 가이드 필독서로 삼는다면 저자로서는 더할 나위 없는 보람일 것이다.

거기에 더하여, 특히 자라나는 청소년들이 이 책을 통하여 Harvard Vision Trip을 하면서 꿈과 이상을 펼치는 진로계획을 세워, 언젠가 "이 책 때문에 동기부여가 돼 열심히 영어공부를 하여 동문 하버디언이 됐습니다."라며 하버드 동문회에서 만나 서로 명함을 나누며 반갑게 인사할 수 있게 되기를 기대한다.

끝으로, 원고를 보시고 흔쾌히 출판을 허락해 주신 박영사 임재무 전무님께 감사의 말씀을 드리며, 전통 있고 이름 높은 출판사에서 좋은 책으로 만들어 빛을 보게 해 주신 편집부 배소연 차장님, 조영은 대리님, 디자인팀 이영경 대리님, 기획/마케팅팀 박부하 과장님, 제작팀 고철민 차장님, 김원표 사원님 등 임직원 여러분들의 노고에도 고개 숙여 고마움을 표한다.

아울러, 하버드에 유학 중인 아들을 만나러 오셔서 함께 하버드 야드를 거닐면서, '하버드의 숨은 뒷이야기' 책 출간에 대하여 같이 구상하며 많은 이야기를 나눴던 사랑하는 부모님께 이 책을 바치고자 한다.

이지환 변호사

차 례

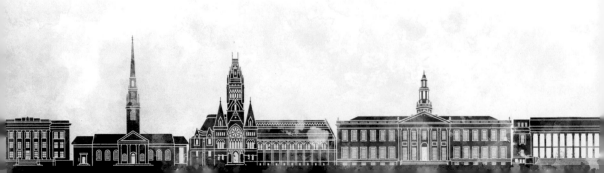

Harvard Yard

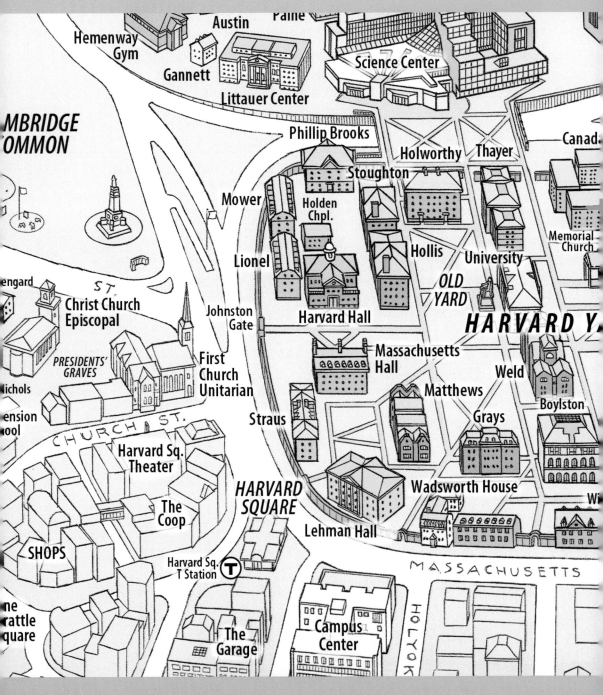

Hemenway Gym

Austin

Paine

Gannett

Science Center

Littauer Center

CAMBRIDGE COMMON

Phillip Brooks

Holworthy   Thayer

Canad

Mower

Stoughton

Holden Chpl.

Hollis

University

Memorial Church

Lionel

OLD YARD

engard

ST.

Christ Church Episcopal

Johnston Gate

Harvard Hall

HARVARD Y.

PRESIDENTS' GRAVES

Nichols

First Church Unitarian

Massachusetts Hall

Weld

Matthews

Boylston

ension ool

CHURCH ST.

Straus

Grays

Harvard Sq. Theater

HARVARD SQUARE

Wadsworth House

W

The Coop

Lehman Hall

MASSACHUSETTS

SHOPS

Harvard Sq. T Station

ne rattle quare

The Garage

Campus Center

HOLYOK

CHAPTER 01

메인 캠퍼스 Harvard Yard에 얽힌 이야기들

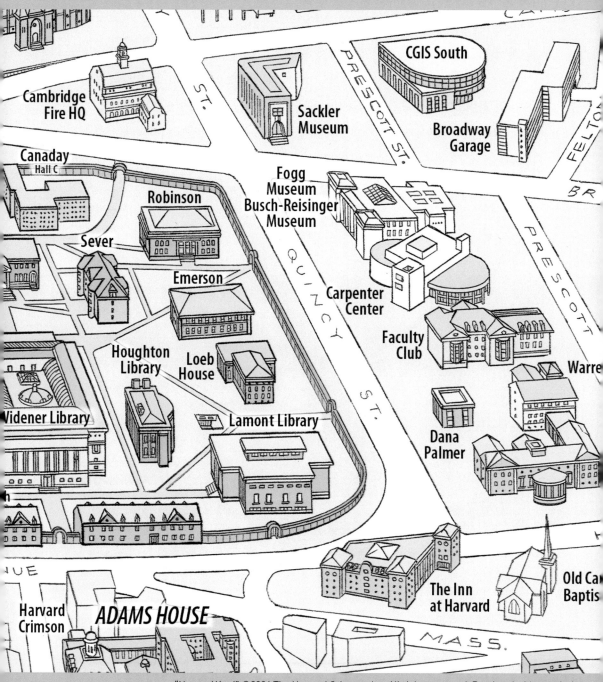

1_____ 하버드 스퀘어 광장 (Harvard Square)
: 하버드대 투어의 시작점, 세계의 배꼽 중심

하버드대학교(Harvard University)를 방문하려는 사람은 누구나 '하버드 스퀘어'(Harvard Square) 광장부터 찾아가야 한다. 일단 '하버드 스퀘어'에 도착하면 하버드대 앞에 무사히 당도한 것이기 때문이다.

하버디언들은 '하버드 스퀘어' 광장을 '옴팔로스'(OMPHALOS＝배꼽, 세계의 중심이란 의미)라고 부르기도 하는데, 이는 '하버드 스퀘어'가 지리적으로 하버드대 일대의 중앙일 뿐 아니라 하버드대가 현대 지성의 중심이라는 학문적 관점에서 붙여진 이름이다. 그래서 실제로 동서남북 하버드대학교 캠퍼스 투어도 이 배꼽 지점에서부터 시작된다.

'하버드 스퀘어' 광장에서 보이는 주변의 건물들로는, 남쪽에 은행 건물(CAMBRIDGE SAVINGS BANK)과 스타벅스 등이 있고, 광장의 서쪽에는 빨간 벽돌집에 이오니아식 하얀 기둥의 출입구가 있는 하버드 기념품점 COOP이 있으며, 동쪽에는 거대한 유리건물

하버드 기념품점 COOP 건물

출처: erix2005/ Depositphotos.com

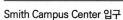

Smith Campus Center 입구

우측 건물이 하버드대의 수문장 역할을 하는 '리먼 홀'(Lehman Hall)

출처: EkaterinaElagina/ Depositphotos.com

인 하버드대 복합 문화관 겸 학생회관 'Smith Campus Center'가 있다. 그리고 북동쪽으로 하버드대의 수문장 건물 '리먼 홀'(Lehman Hall)을 비롯한 하버드대 중앙 캠퍼스(main Campsu)가 펼쳐져 있다.

Harvard Square의 '관광 안내소'(좌측에 있는 둥근 모자 모양의 건물)

출처: Wikipedia

하버드 전철역 앞 관광안내소 출처: Wikipedia

'하버드 스퀘어' 광장의 중심에는, 모자처럼 생긴 둥근 차양이 있는 '관광 안내소'(Visitor's Information Center)가 있는데, 이곳에서 방문객들에게 관광안내 지도를 무료로 나눠 주고 있다.

따라서 하버드대 캠퍼스 투어를 하려는 방문객들은 먼저 광장에 있는 이 '관광 안내소'(Visitor's Information Center)에 들러, 무료로 나눠주는 관광안내 지도를 얻은 다음, 횡단보도 건너 좌측으로 담장을 따라가다가 오래된 교회당(First Church) 맞은편에 있는 고색창연한 하버드대 정문 '존스턴 게이트'(Johnston Gate)를 시작으로 캠퍼스 안으로 들어가면 된다.

Harvard Hall 옆 Johnston Gate   출처: kojoty/ Depositphotos.com

이 '존스턴 게이트'(Johnston Gate)에서부터 본격적인 하버드 둘러보기가 시작된다.

얼마간의 투어비용을 내면 일정 인원을 모아 재학생 가이드가 안내한다는 노란모자들은, 하버드대 졸업생이 설립한 회사가 운영하는 업체 소속으로서 하버드대와는 무관하다.

또한 이들은 시간 내에 일정을 소화하기 위하여 유창한 영어로 너무 빠르게 암기하듯 설명하기 때문에, 원어민이 아닌 관광객에게는 큰 도움이 되지 않을 수 있다.

차라리 미리 하버드 캠퍼스 안내서를 읽고 공부한 다음, 지도를 들고 여유롭게 하버드 이곳저곳을 음미하며 돌아보는 것이 추억 만들기에 훨씬 적합하다.

한편 캠퍼스 투어가 '올드 야드'(Old Yard), '뉴 야드'(New Yard), '노스 야드'(North Yard) 등을 둘러봄으로써 어느정도 마무리되면, 하버드 기념품 가게인 '하버드 쿱'(Harvard COOP)에 가서 이것저것 아기자기한 쇼핑으로 즐겁게 투어를 마치는 것을 추천한다. '하버드 쿱'(Harvard Coop)은 올드 야드의 남서쪽에 위치한 '리먼 홀'(Lehman Hall) 앞마당을 지나 옆에 있는 '스퀘어 게이트'(Square Gate)를 통하여 다시 '하버드 스퀘어' 광장으로 나오면, 그 서쪽 편에 위치해 있다.

하버드 기념품으로 가득한 뒤 건물 Coop 내부 모습

이때 유념할 것이, COOP 건물이 앞뒤로 연결된 두 건물이므로, 하버드대 서점인 앞 건물의 직원에게 뒤 건물로 가는 연결통로를 물어봐서 본격적으로 선물과 기념품이 가득한 뒤 건물까지 놓치지 않아야 한다.

Coop 1층 모습   Coop 2층 모습

   COOP 건물 안으로 들어가면 이오니아식 기둥이 2층까지 떠받치고 있는데, 가운데는 1·2층이 뻥 뚫려 있고, 서가는 벽 쪽으로 1층과 2층에 둘러쳐져 있다.

   COOP서점은 하버드 광장에서 가장 큰 매장이자, 하버드대의 교과서 판매부이므로, 만일 학구적인 사람이라면 하버드대 방문 기념으로 명강의 교과서를 한두 권 구매하는 것도 평생의 기념이 될 수 있을 것이다. 예컨대, John Rawls의 'A Theory of Justice'(롤스의 정의론)이라든지, N. Gregory Mankiw의 'Principles of Economics'(맨큐의 경제학 원론)은, 서가에 꽂아 두기만 해도 자녀 교육상 유익한 책들이다.

   물론 이 두꺼운 영어 원서를 언제 누가 읽을 것인가에 대한 고민은 하지 않아도 될 것이다. 이 책의 겉장만 보고 자라도, 아이가 "이게 뭐지?" 하는 순간 위대한 창조적 씨앗이 심겨질 것이기 때문이다. 좋은 책이란 한두 페이지만 들여다보더라도 그 책값을 충분히 보상받고도 남음이 있다고 하지 않던가.

뒷이야기 하나

'The Coop'이란?

'The Coop'으로 널리 알려져 있는 하버드협동조합(Harvard Cooperative Society)은 Charles Kip이라는 하버드 대학생의 기발한 아이디어에 의하여 설립되었다. 1882년경 그는 동료 학생들에게 '하버드 스퀘어'의 비싼 물가가 날이 갈수록 점점 더 치솟고 있어 고향에 계신 부모님들의 허리띠를 더 이상 졸라매게 할 수 없는 지경이니, 그에 대한 대책으로, 우리 학생들끼리 물건을 사다가 싸게 팔아보는 게 어떻겠느냐고 제안하였다. 이러한 제안은 학생들의 호응을 얻어 생활협동조합이 설립되었다.

현재 하버드협동조합(Harvard Cooperative Society)은 교수진과 학생 임원들로 구성된 위원회에 의하여 운영되고 있으며, 하버드대생들뿐만 아니라 건너편 MIT 학생들까지 소액의 조합비를 내고 조합원으로 가입하면, 물건을 살 때 할인가격을 적용받음은 물론, 협동조합의 연간 이익금으로 여러 가지 지원 혜택이 주어지고 있다. 저자도 연회비로 1달러를 내고 하버드협동조합에 가입했었다.

뒷이야기 둘

7년 짝사랑 성공한 하버드 교수가 혼수로 받은 롱펠로우 하우스(Longfellow House)

Longfellow House   출처: Wikipedia

Harvard University를 방문하고 시간이 남는다면, Radcliffe Yard에서 멀지 않은 Longfellow House를 둘러보는 것을 추천한다..

'인생찬가'(A Psalm of Life)로 유명한 미국의 국민시인이자 하버드대 현대언어 교수였던 헨리 워즈워스 롱펠로우(Henry Wadsworth Longfellow, 1807.2.27.~1882.3.24.)가 죽을 때까지 살았던 집이자 미국의 독립전쟁 때 George Washington의 지휘본부가 주둔했을 당시 Washington 부부가 기거했던 집으로 정식 명칭은 Longfellow House-Washington's Headquarters National Historic Site이다.

원래 이 집은 1759년에 매사추세츠의 영국 식민지 부총독이 지은 적산 가옥이었는데, 미국이 영국으로부터 독립하며 매각된 유서 깊은 건물이었다. 처음에 젊은 시인 롱펠로우는 그가 Harvard College의 교수로 부임하게 되면서 우연치 않게도 이 집 2층에 있는 방 한 칸을 세 얻어 살기 시작했다. 그런데 나중에 Longfellow가 아내 Frances 'Fanny' Appleton과 결혼을 하자 장인이 이 집을 통째로 매수하여 결혼선물로 주는 바람에 사위인 Longfellow가 집주인이 되었다. Longfellow는 그때부터 죽을 때까지 40여 년간 이 집에서 수많은 시를 쓰는 한편 넓은 정원을 가꾸며 살게 된다.

원래 Henry Wadsworth Longfellow의 아버지는 변호사였고, 그의 외할아버지는 미국 독립전쟁의 장군이자 의회 의원이었는데, 그가 어린 시절을 외할아버지의 전원주택에서 자연을 벗삼아 지낸 덕분에 풍부한 감성을 지닌 문학인이 될 수 있었다고 한다.

Longfellow는 1829년 가을 학기부터 Bowdoin College의 교수로 취업이 되지만, 1836년 Harvard College의 초청을 받아들여 현대언어의 교수직을 맡기로 하고는, 심신을 정리하고자 1년간 유럽 여행을 다녀오기로 한다.

그런데 그렇게 떠났던 유럽 여행길 스위스에서, 1836년 7월의 어느 운명적인 날,

Longfellow교수는 보스턴 의 부유한 사업가 Nathan Appleton의 가족 일행과 자 리를 함께하게 됐는데, 거기 에서 Appleton의 딸 프랜시 스 애플턴(Frances Appleton, 1819.10.6.~1861.7. 10)을 만 나게 된다.

시인은 자기보다 12살 어 린 패니(Fanny, Frances의 애칭) 에게 마음이 걸려 넘어진 그 날 이후 험난한 짝사랑의 미 로에서 헤매기 시작한다. 아

Longfellow House 뒤 안쪽 정원

출처: Wikipedia

직 17세의 어리고 독립적인 성격이었던 패니는 결혼에 전혀 관심이 없었다. 하지만 롱펠로우 의 마음은 이미 수습이 불가능한 상태였다. 그의 친구는 그가 그녀를 쫓아다니는 과정에서 천 국과 지옥을 오가는 듯 괴로워하는 것을 보고, "전쟁터에서뿐만 아니라 사랑의 전투에서도 반 드시 죽지 않고 살아 남으려면 끝까지 포기하지 않고 결전의 의지에 가득 차야 한다네."라고 격려해 주었다고 한다.

기약 없는 구애의 시간 동안, 시인 롱펠로우 교수는 하버드가 있는 케임브리지에서 찰스강 을 건너 보스턴 시내 비콘힐에 있는 애플턴의 집까지 수도 없이 보스턴 다리를 걸어서 왕복하 곤 하였다. 바람 부는 찰스강의 윤슬(잔물결)에 얼마나 많은 희망을 걸고 건너갔다가, 얼마나 허탈한 실망을 안고 돌아오며 혼자만의 설움을 달빛에 실어 보내곤 하였던지, 나중에 그 다리 에는 Longfellow Bridge라는 이름이 붙여졌고, 머잖은 곳에 있는 도보다리에는 The Frances Appleton Pedestrian Bridge라는 아내 이름이 붙여지게 된다. 한국식으로 말하자면 견우와 직녀 의 오작교라고나 할까.

하버드에서 롱펠로우는 모든 것을 잊으려는 듯 1839년의 데뷔 시집인 '밤의 소리'(Voices of the Night) 컬렉션을 포함하여 여러 시집을 출판하기 시작하였는데, 그것들은 좋은 평을 받으 며 일약 그를 유명인사로 만들었다. 시집 '밤의 소리'에 실려 있는 1938년에 지은 시가 바로 '인생 찬가'(A Psalm of Life)라는 세계 4대 명시 중의 하나로 꼽히는 유명한 시이다.

1839년 말 Longfellow는 Fanny에 대한 실패한 구애와 실연의 상처를 읊은 Hyperion을 저 술하여 출판하고는 열패감과 신경쇠약증, 우울증을 치료하기 위하여 하버드대에 6개월의 휴 가를 내고 베네딕트 수도원의 건강 스파에 가기 위해 보스턴을 떠나기까지 한다.

A Psalm of Life (인생 찬가)

**What The Heart Of The Young Man Said
To The Psalmist.
(시편 저자에게 젊은이의 마음이 말하는 것)**

Tell me not, in mournful numbers,
    Life is but an empty dream!
For the soul is dead that slumbers,
    And things are not what they seem.

슬픈 사연으로 내게 말하지 말아라,
    인생은 한갓 헛된 꿈에 불과하다고!
잠자는 영혼은 죽은 것과 같으니와,
    만물은 보이는 모습 그대로가 아니다.

Life is real! Life is earnest!
    And the grave is not its goal;
Dust thou art, to dust returnest,
    Was not spoken of the soul.

인생은 현실! 인생은 진지한 것!
    무덤이 인생의 끝은 아니리니;
너는 흙이니 흙으로 돌아가라는 말은
    영혼에 대하여 한 말은 아니었다.

Not enjoyment, and not sorrow,
    Is our destined end or way;
But to act, that each to—morrow
    Find us farther than to—day.

우리의 목적지나 걸어가는 길은;
    향락도 아니고, 슬픔도 아니요,
나날의 내일이 오늘보다 낫도록
    행동하는 것이다.

Art is long, and Time is fleeting,
    And our hearts, though stout and brave,
Still, like muffled drums, are beating
    Funeral marches to the grave.

예술은 길고 세월은 빠르게 흐르나니,
    아무리 우리의 심장이 튼튼하고 대단한 것 같
    을지라도,
사실은, 소리를 죽인 북처럼
무덤을 향한 장송곡을 치고 있는 것에 불과하
거늘.

In the world's broad field of battle,
    In the bivouac of Life,
Be not like dumb, driven cattle!
    Be a hero in the strife!

세상의 넓은 싸움터에서,
    인생의 야영지에서,
말 못하고 쫓기는 짐승처럼 되지 말고!
    싸움에 이기는 영웅이 되라!

Trust no Future, howe'er pleasant!
    Let the dead Past bury its dead!
Act,— act in the living Present!
    Heart within, and God o'erhead!

아무리 즐거워도 미래를 믿지 말라!
    죽은 과거는 죽은 채로 묻어두라!
행동하라, 살아있는 지금 행동하라!
    안에는 마음이, 위에는 하나님이 있다!

Lives of great men all remind us
    We can make our lives sublime,
And, departing, leave behind us
    Footprints on the sands of time;

모든 위인들의 생애가 우리를 깨우치느니
    우리도 숭고한 삶을 이룰 수 있다고,
그리하여 우리가 시작하기만 하면 남길 수 있
으리
    시간의 모래 위에 발자취들을;

Footprints, that perhaps another,
    Sailing o'er life's solemn main,
A forlorn and shipwrecked brother,
    Seeing, shall take heart again.

그 발자취는, 훗날에 또 다른,
    장엄한 인생의 바다를 항해하다가,
난파되어 절망한 사람이,
    보고, 다시금 용기를 얻게 할 것이니.

Let us, then, be up and doing,
    With a heart for any fate;
Still achieving, still pursuing,
    Learn to labor and to wait.

그러니 우리 모두 일어나 일하세,
    어떠한 운명이라도 이겨낼 용기를 가지고,
끊임없이 성취하고 계속 추구하면서
    일하고 기다리기를 배워 나가세.

Frances 'Fanny' Appleton   1850년대의 롱펠로우   출처: Wikipedia

그렇게 7년의 세월이 속절없이 흐른 1843년 5월 10일, Longfellow는 24세가 된 Fanny로부터 "이제 당신의 사랑을 받아들이기로 했다."는 편지를 받는다. 36세인 그는 너무나도 심장이 뛰고 이것이 꿈인지 생시인지 믿을 수가 없었다. 그녀를 만나기 위해 느긋하게 마차를 타고 앉아서 갈 수 없던 그는, 찰스강 너머 그녀의 집까지 90분을 하염없이 뛰고 또 뛰었다. 지금까지 수없이 보아온 윤슬이었지만 이날처럼 재잘거리는 물결 모습이 아름다운 줄은 처음 알았을 것이었다. 그리고는 두 달 뒤인 1843년 7월 13일 보스턴에서 그들은 바로 결혼을 하게 된다.

Fanny도 남편과 깊은 사랑에 빠진다. 그녀는 첫 아들이 태어나기 12일 전인 1844년 5월 27일 일기에 "우리가 서로에 대해 느끼는 만큼의 강한 열정으로, 내 인생이 그의 사랑에 얼마나 완벽하게 묶여 있는지"라고 고백한다.

결혼 후 롱펠로우의 문학적 수입도 상당히 증가한다. 결혼 전인 1840년에 그는 219달러를 벌었었지만 결혼 후인 1850년에는 1,900달러의 수입을 얻게 된다. 1847년에 출판된 Longfellow의 첫 번째 서사시 Evangeline은 출판된 지 6개월 만에 6쇄를 찍는 성공을 거두었으며, 10년간 12개국 언어로 번역되어 퍼져나갔다. Evangeline은 1922년에 처음 영화화된 후, 1929년에 인기 영화 배우 Dolores Del Rio가 주연한 두 번째 영화로 만들어지기도 했다.

필명이 높아지자 그는 1854년에 하버드 교수직을 내려놓고 은퇴하여 전업작가로 집필에만 몰두한다.

그렇게 모든 것이 순탄할 것만 같았다. 그러나 그들의 지나친 행복을 시기라도 한 것처럼 어둠의 그늘이 비운을 안고 뒷문으로 찾아든다. 1861년 7월 9일 Longfellow가 낮잠을 자고 있는 동안, 아내 Frances Appleton은 그녀의 아이들의 머리카락을 잘라 봉투에 넣고 촛불을 켜 놓은 채 뜨거운 왁스로 밀봉하려고 하다가 그만 갑자기 그녀의 드레스에 불이 붙고 만다. 롱펠로우는 밖으로 뛰쳐나가는 그녀의 비명소리에 잠에서 깨어나 잔디 위에서 몸부림치며 뒹굴고 있는 그녀를 구하기 위해 돌진하였다. 그는 양탄자를 던지고 몸으로 불길을 덮쳤지만 그녀는 이미 심하게 화상을 입은 상태였다. 그녀는 다음날 아침에 커피 한 잔을 요청한 다음 42세의 나이로 조용히 숨을 거두었다. 54세였던 롱펠로우 자신도 얼굴에 화상을 입어 그 후 면도를 그만두고, 그 때부터 그의 상징이 된 수염을 길러야 했다.

1861년의 Frances Appleton의 죽음 이후, Longfellow는 한동안 시를 쓰는 데 어려움을 겪게 되는데, 슬프고 우울한 생각과 외로움을 달래기 위하여 단테의 신곡 등 외국어 작품을 영어로 번역하는 일에 집중하였다. 번역가로서의 그의 역할을 기리기 위해 Harvard는 1994년 Longfellow Institute를 설립하여, 미국에서 영어 이외의 언어로 창작된 문학을 번역하여 연구하는 데에도 관심을 기울였다.

그는 당시 가장 유명한 미국 시인이 되었고 해외에서도 큰 성공을 거두었다. 유럽 전역에 그의 인기가 확산됐을 뿐만 아니라, 그의 시는 프랑스어, 독일어, 이탈리아어, 기타 언어로 번역되었는데, 특히 청소년들로부터의 호응이 좋았다.

그러나 일부에서는 그의 시가 대중 영합적이라는 비판을 받기도 하였고, 세월이 흘러 사람들이 '가지 않은 길'을 쓴 Robert Frost(미국에서 little Harvard라 불리는 Amherst College의 영문학 교수)와 같은 새로운 시인들에게 관심을 가짐에 따라 서서히 Longfellow는 잊혀져 갔다. 1882년 3월 24일 75세로 롱펠로우가 숨을 거두자, 그는 집에서 1마일(1.6km)가량 떨어진 마운트 오번(Mount Auburn) 묘지에 있던 아내의 곁에 묻혔다.

2 _____ 하버드대 정문, 존스턴 게이트 (Johnston Gate)
: 금녀의 하버드대 정문에 새겨 놓은 그녀의 이니셜

Harvard Hall 옆 Johnston Gate

출처: kojoty/ Depositphotos.com

　하버드대학교의 정문인 '존스턴 게이트'(Johnston Gate)는, 하버드대 메인 캠퍼스를 둘러 싸고 있는 담장의 25개 게이트(Gate) 중 가장 먼저 지어졌다(1889년 건립). 가장 규모가 크면서도 가장 정교하고 고색창연한 출입문이다.

　'존스턴 게이트'라는 이름은 1855년도 하버드 졸업생 Samuel Johnston의 이름을 따서 붙여졌는데, "'하버드 야드'(Harvard Yard) 캠퍼스로 드나드는 정문을 짓도록 하라."며 10,000달러(오늘날 300,000달러 이상의 금액)를 기부한 유증을 기리기 위해 그의 이름을 딴 것이었다.

　존스턴이 학교에 다닐 당시 하버드대 캠퍼스의 울타리는 화강암 말뚝들 위로 겨우 사각형 각목 난간이 얹혀진 채 둘러쳐져 있는 상태였다. 어느 날 존스턴이 무심코 울타리 사이의 개구멍 틈새로 빠져나가다가 "이래서는 안 되지. 이럴 게 아니라, 제대로 된 정문과 울

Johnston Gate   출처: Wikipedia

타리를 짓도록 해야겠다."는 생각을 하게 되었다고 한다.

　'존스턴 게이트'의 핵심은 시선을 사로잡는 화려한 철골문인데, 전체 건축비용 중에서 연철로 만들어진 이 철골문의 제작비용으로 예산의 60% 이상이 사용되었다고 한다. 철골문 위에는 청교도 신학교로 시작됐던 하버드의 뿌리를 나타내는 '십자가', 대학 설립연도를 나타내는 숫자 '1636', 게이트의 완공연도 '1889'가 새겨진 '작은 방패'를 각각 장식하였다.

　이렇게 공을 들이다 보니 예산을 초과하여 계속 늘어나는 건축 공사비용 때문에 대학 간부들은 긴장하며 "빨리 끝내 달라."고 간섭을 해댔고, 하버드의 청교도 출신들은 맥킴의 설계가 '쓸데없이 거창하기만 한 일탈'일 뿐이라고 비판을 가하였다.

Charles Follen Mckim(1847~
1909)   출처: Wikipedia

　곤혹스러워진 담당 건축가 맥킴(Charles Follen Mckim)은 하버드 당국에 "지금은 건축비 지출을 주저할 때가 아니라고 생각합니다."라며, "우리의 작업은, 그저 10,000달러의 예산에 맞춘 건축물 하나를 짓고 마는 것이 아니라, 하버드에 영원히 남을 기념비적 작품을 설계하는 것입니다."라고 타이핑된 편지를 보냈는데, 편지 말미에 그는 펜을 들어 직접 쓴 육필로 "믿어주십시오."라고 간곡히 덧붙였다.

정면에서 바라본 존스턴 게이트(Johnston Gate)   출처: dacasdo/ Depositphotos.com

이 천재적 건축가의 겸손한 열정에 감동한 기부자들은 공사비를 추가로 증여했고, 완공 후 어느 누구도 그에 대하여 후회하지 않았다고 한다. 특히 예산부족으로 중대한 난관에 봉착했을 때, 외교관인 Meyer(마이어) 대사의 부인(맥킴의 처제)이 6,000달러나 되는 거금을 흔쾌히 기부해 주는 덕에, '존스턴 게이트'(Johnston Gate)는 맥킴의 기량대로 무사히 완공할 수 있었다.

그래서 교정 밖에서 철골문 쪽을 바라볼 때, 상단 십자가 밑에 1889라는 건축연도가 표기된 작은 방패를 자세히 들여다보면, 작은 글씨로 AAM이라 새겨 놓은 글자가 보이는데, 그게 바로 처제의 이름 Marian Alice Appleton의 약자라는 것이다.

1999년도가 되어서야 비로소 여성에게도 정식으로 학위증서를 수여했을 정도로 보수적이었던 하버드에서, 1800년대 당시로서는 엄격한 금녀의 캠퍼스였던 하버드 정문에 여성의 이름을 새기려고 하다 보니 이름을 거꾸로 읽도록 암호화하여 깨알같이 작게 써 놓았던 것이다.

1889년 이 문이 완공되어 모습을 드러내자 사람들은 Gate의 아름다운 위용에 감격하며 격찬하였고, 심지어 적당히 빨리 공사를 끝내 달라며 그토록 재촉했던 하버드 당국은 이 아름다운 정문에 감동한 나머지, 과거 1866년 1년간 하버드 대학을 다니다 프랑스 파리로 유학을 가느라 중퇴했던 McKim에게 기꺼이 명예 졸업장을 수여하였다.

뒷이야기 하나

'존스턴 게이트'의 돌판에 새겨진 비문들

모든 방문객들의 하버드 투어의 시작점이기도 한 이 '존스턴 게이트' 앞에서는, 아무리 캠퍼스 투어가 급하더라도 서두르지 말아야 한다. 하버드에서 처음 만나는 이 의미 있는 문을 찬찬히 올려다보며 이리저리 살피고 오랫동안 감상하지 않으면 많은 것을 놓치고 만다. '존스턴 게이트'는 단순히 기능적인 정문 역할 그 이상으로 하버드의 역사를 기념하는 기념비적 역할을 하고 있기 때문이다.

① 존스턴 게이트의 바깥쪽 좌측 벽면에는 대학의 설립 과정을 상세히 기술한 돌판이 박혀 있으며,

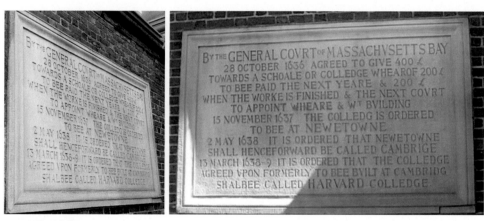

Gate 좌측 벽면 돌판

> 매사추세츠 연안 주민 총회는 1636.10.28. 대학 설립을 위해 400파운드를,
> 첫해에 200파운드, 종료 시에 200파운드를 출연키로 했고,
> 이어서 주민 자치회는 어디에 어떤 건물을 지을지를 결정하였다.
>
> 1637.11.15. 대학의 부지를 뉴타운 지역으로 결정했고,
> 1638.5.2. 이 지역 이름을 앞으로는 '뉴타운'에서 '케임브리지'로 부르기로 했으며
>
> 1638.3.13.~1639. 케임브리지에 건축될 대학을 하버드대학으로 부르기로 하였다.

② 존스턴 게이트의 바깥쪽 우측 벽면 돌판에는 대학의 설립 취지와 이념이 새겨져 있다.

Gate 우측 벽면 돌판

> 하나님께서 우리를 뉴잉글랜드에 안전하게 이주시켜 주신 뒤에
> 우리가 집을 짓고 생활의 필요를 채우며 예배처와 자치단체를 설립한 후
>
> 그 다음에 우리가 간절히 찾고 소망한 것은
> 대학을 세워 배움을 지속적으로 증진시키는 것이었다.
>
> 그 이유는
> 지금 있는 성직자들이 모두 죽고 난 뒤에
> 우리 신앙 공동체에
> 무지몽매한 목회자들만 남아서는 안 되겠다는 두려움 때문이었다.
>
> - 뉴잉글랜드의 첫 열매

③ 문 밖에서 바라볼 때, '존스턴 게이트'의 좌측 문기둥에는 대학 설립을 의결한 매사추세츠 주의 문장과 표어가 새겨져 있고,

중앙에 새겨진 그림: 매사추세츠 주 상징인 원주민 모습
하단의 큰 글씨: 매사추세츠 연안 자치회 시질럼(상징 문장)

상단의 리본에 새긴 작은 글씨
  좌측 리본: 칼로써 쟁취한다
  우측 리본: 자유가 있는 평화로운 안착을

바깥쪽 좌측 문기둥

④ 우측 문기둥에는 하버드대학의 문장과 표어가 새겨져 있다. 이 하버드 방패에 새겨진 3권
의 책은 성경책으로서 성부, 성자, 성령을 상징한다고 한다.

바깥쪽 우측 문기둥

중앙에 새겨진 그림: 3권의 책 위에 베리타스(진리)가 새겨진 방패
하단의 큰 글씨: 뉴잉글랜드의 하버드대학 시질럼

상단의 리본에 새긴 작은 글씨
　좌측 리본: 그리스도와
　우측 리본: 신앙 공동체

⑤ '존스턴 게이트' 문 안에 들어선 다음, 돌아서서 야드 안쪽에서 바라보면,

'존스턴 게이트' 안쪽 좌측 문기둥에 있는 존스턴의 개인 문장　　　　　　출처: harvard.edu

좌측 문기둥 위에는, 기부자인 존스턴을 기리기 위하여 존스턴의 개인 문장인 화환에 둘러 싸인 독수리가 새겨진 돌판이 붙어 있다.

중앙에 새겨진 그림:
화환에 둘러싸인 독수리 모습의 존스턴 개인 문장

하단의 큰 글씨:
사무엘 존스턴, 시카고인, 1855년 졸업생, 1833년 신시내티에서 출생하여 53년간 생존 그가 유언으로 (정문을 건립)하라고 명했다.

안쪽 좌측 문기둥

⑥ 우측 문기둥 위에는 하버드가 위치하고 있는 케임브리지 시티의 상징인 Gore홀(지금의 와 이드너 도서관 자리에 1838~1913까지 75년간 존재했던 하버드대 최초의 독립 도서관) 건물이 새 겨진 케임브리지 시티 문장이 붙어 있다.

중앙에 새겨진 그림:
Gore Hall이 새겨져 있는 케임브리지 시티의 문장

하단의 큰 글씨:
고전학문과 새로운 교육제도로 저명한 케임브리지

안쪽 우측 문기둥

뒷이야기 둘

존스턴 게이트(Johnston Gate)와 동서지간인 마이어 게이트(Meyer Gate)

마이어 게이트(Meyer Gate)　　　　　　　출처: erix2005/ Depositphotos.com

'올드 야드'(Old Yard)에서 '사이언스 센터', '로스쿨'이 자리한 '노스 야드'(North Yard)로 건너갈 때 지나는 게이트가 '마이어 게이트'(Meyer Gate)이다. 미국의 외교관으로 주 이태리 대사, 주 러시아 대사를 역임한 하버드 동문 Meyer가 거금을 기부하여 건축했기 때문에 상단에 M이 2개 장식돼 있다. 즉, '마이어 게이트'(Meyer Gate)는 '존스턴 게이트'(Johnston Gate)와 동시에 건축을 시작했지만 간발의 차이로 1년 뒤 완공된 하버드 제2의 게이트이다.

그런데 두 대문의 건축설계자인 맥킴(McKim)과 기부자 마이어(Meyer)는 하버드대 재학 시절부터 절친 겸 동서지간이다. 게다가 McKim과 Meyer는 당시 보스턴의 사교계 명사였던 애플턴(Appleton) 자매와 사귀면서, 1885년 같은 날 같은 장소에서 45분 간격으로 결혼식을 거행하기까지 한 단짝이었다.

그런데 3살 언니였던 McKim 부인(Julian Appleton)이 예기치 않게 결혼 1년 만에 사망하고 말아, 이를 애석하게 여긴 맥킴의 처제인 Meyer대사 부인(Marian Alice Appleton)이 언니를 기념하여 McKim의 건축에 커다란 재정 지원을 해주게 된다. 무심한 건축물인 것 같지만 알고 보면 가슴 아프고도 따뜻한 사연들이 배어있어 다시 한 번 발길을 멈추게 한다.

뒷이야기 셋

하버드대 담장에는 몇 개의 아름다운 출입문이 있는가?

하버드대 메인 캠퍼스인 하버드 야드(Harvard Yard)를 둘러싸고 있는 담장에는 25개의 Gate가 있다. 25개의 Harvard Gate의 위치와 이름은 다음과 같다.

'서쪽 담장'에 ① 하버드 최초의 정문인 Johnston Gate를 시작으로 ② 1874년 동문 Gate, ③ 1870년 동문 Gate, ④ 1886년 동문 Gate.

'북쪽 담장'에 ⑤ 1881년 동문 Gate, ⑥ 1876년 동문의 Holworthy Gate, ⑦ 1879년 동문인 Meyer Gate, ⑧ Bradstreet Gate, ⑨ 1887년과 1888년 동문들의 연합 Gate, ⑩ 소방서 옆 The fire station Gate.

'동쪽 담장'에 ⑪ Robinson Gate, ⑫ 1885년 동문의 Sever Gate, ⑬ Emerson Gate, ⑭ 1908년 동문의 Eliot Gate, ⑮ Loeb House Gate, ⑯ 17 Quincy Drive Gate, ⑰ Solomon Gate, ⑱ Lamont Delivery Gate.

'남쪽 담장'에 ⑲ 1880년 동문의 Bacon Gate, ⑳ 1890년 동문의 Dexter Gate, ㉑ Morgan Gate, ㉒ 1889년 동문 Gate, ㉓ McKean Gate, ㉔ 1857년 동문 Gate(Square Gate), ㉕ 1875년 동문 Gate.

하버드대의 25개 게이트 중에서 가장 최근에 지어진 게이트는 Lamont Library와 Houghton Library 앞에 있는 '솔로몬 게이트'(Solomon Gate)이다. 하버드 건축대학원 부교수인 Eric Höweler에 의하여 현대식 디자인으로 지어진 이 새로운 문은 하버드 동문인 Peter J. Solomon 부부의 지원을 받아 2020년 12월에 건축되었다.

도서관 앞의 출입문답게 책들이 첩첩이 포개져 있는 형상의 '솔로몬 게이트'(Solomon Gate)에는 '이상한 나라의 앨리스의 모험'(Alice's Adventures in Wonderland), '토끼 피터'(Peter Rabbit), '엄마 거위 이야기'(Tales of Mother Goose) 등 모두에게 사랑받는 동화책 속의 귀여운 아이콘인 토끼(Rabbit), 체셔 고양이(Cheshire Cat), 붉은 여왕의 왕관(crown for the Red Queen), 매드 해터의 실크 모자(top hat for the Mad Hatter) 등등이 게이트 창살에 얹혀져 있고, 앉을 수 있는 벤치도 문 뒤에 같이 만들어져 있으며, 벤치 옆 문턱 위에는 '이상한 나라의 앨리스'의 한 구절이 새겨져 있다.

"Always speak the truth-think before you speak-and write it down afterwards."

"언제나 진실을 말하되, 말하기 전에 생각하고, 그리고 더 나아가 그것을 기록해 두어라."

Lamont 도서관 앞의 Solomon Gate

책들이 포개져 있는 모양의 Solomon Gate

뒷이야기 넷

하버드에서 평당 건축비가 가장 비싼 건축물은?

세월 따라 마차가 사라지고 1983년경부터 자동차의 출입이 빈번해지자, 하버드 당국은 정문 옆에 차량 통제를 위한 '수위실'(Guard House)을 설치할 필요성을 느끼고, 1983년에 Victorian Gothic 양식의 작은 초소(Booth)를 하나 건축하게 됐다.

수위실(Guard House)

그런데 하버드 전체에서 가장 작은 건물인 이 수위실 초소(Booth)가 아이러니하게도 하버드 전체 건물 중 평당 건축비가 가장 비싸게 먹힌 건축물이라고 한다.

3 _____ 하버드 홀 (Harvard Hall)
: 불타는 면학정신이 불태워버린 도서관

하버드대 정문인 '존스턴 게이트'를 통과하여 캠퍼스 안으로 막 들어서면 왼쪽에 보이는, 하얀 첨탑 위 하늘색 큐폴라(Cupola, 작은 둥근 지붕)가 솟아 있는 진홍빛(Crimson) 적벽돌 건물이 '하버드 홀'(Harvard Hall)이다.

'하버드 홀'은 현대건축 시대 이전에 미국에서 건축된 가장 정교한 대학 건물로 손꼽히고 있다. 개교 이래 'Harvard Yard'에서 붕괴, 화재, 재건축 등의 온갖 풍파와 산전수전을 겪어내며 견뎌온 '하버드 홀'의 고색창연한 모습과 18세기의 원형을 유지하고 있는 우아한 아치 모양의 창문들, 섬세한 처마 돌림띠, 단순하고 단정하면서도 품위 있는 둥근 지붕 큐폴라 등이 그 증거이다.

하버드에서는 지금도 기숙사를 '하우스'(House)라고 부르는데, 그 이유가 '하버드 컬리지'(Harvard College)의 첫 기숙사인 '하버드 홀'을 'House'라고 불렀었기 때문이라고 한다.

즉, '하버드 홀'은 미국 기숙형 대학(Residential College)의 원형으로서, 원래 '하버드 홀' 내부에는 강당, 예배실, 도서관은 물론, 공부방과 침실, 식당 등이 갖춰진 종합관이었다고 한다.

역사를 거슬러 올라가 보자면, 원래 하버드대가 개교했던 1638년에는 지금의 자리에 통나무로 지은 하나뿐인 건물의 교실에서 12명의 학생(예수님의 12 제자처럼)을 데리고 1명의 교사 겸 교장이 수업을 하기 시작했었다.

그 후, 존 하버드(John Harvard)라는 청교도 목사가 그의 장서 모두와 재산의 절반을 기부하자, 던스터(Dunster) 초대 총장 지휘하에

하버드 홀의 메인 출입구

1638~1642년에 건축된 첫 번째 '하버드 홀' 건물에는, 학교 당국과 학생들에게 필요한 방들이 모두 함께 섞여 있었다.

강당에서는 종교와 문예의 수행이 이뤄졌고, 방 위쪽 2층 동쪽 끝 모서리 자그마한 방에는 찰스타운에 있던 존 하버드의 서재에서 옮겨온 도서관이 있었다. 긴 의자를 갖춘 서고 겸 열람실에서는, 존 하버드 목사의 청교도 신앙을 반영한 신앙서적들이 읽혀지며, 신세계의 척박한 식민지에서 이 조그만 신생 대학의 영적, 지적 토대를 확고하게 마련해 주었다.

그런데 하버드대의 초기 건물은, 당시 개척 이주민들의 열악한 환경하에서의 조급한 건축 방식을 따랐기 때문에, 제대로 건조되지 못한 목재와 품질이 좋지 않은 몰타르의 사용으로 인하여 지은 지 40년쯤 지나자 건물의 토대가 썩는 바람에 1677년경 건물 일부가 붕괴되고 말았다.

그래서 1677년도에 현재의 위치에 제대로 지어진 3층짜리 '하버드 홀' 건물이 등장하게 되었는데, 애석하게도 이 두 번째 건물은 1764년 겨울에 화재로 불타 없어지고, 현재의 건물은 1766년도에 다시 지은 세 번째 건물이다.

불타 없어지기 전의 제2하버드홀 모습   출처: Wikipedia   **건물 화재 모습**   출처: Pixabay.com

즉, 제2의 '하버드 홀'은 1764년 1월 24일 매서운 겨울바람이 불던 밤에 누군가가 켜 놓은 촛불 때문에 새벽 2시경부터 불이 붙기 시작하여, 도서관을 포함한 '하버드 홀'의 모든 것이 불에 타버리고 만 것이다. 촛불을 켜놓고 밤을 새워 공부하다가 깜빡 조는 바람에 불이 난 게 아닌가 의심하며 사람들은 "불타는 면학정신이 하버드를 불태웠다."고 수군거렸다.

특히 '하버드 홀'의 도서관에 비치되어 있던 존 하버드가 기증한 고급 장정의 400여 권의 희귀본 장서를 포함하여 5,000여 권의 책들이, 단 2권의 책을 제외하고 완전히 잿더미로 변해 버렸다.

그래서 지금도 고색창연한 '하버드 홀' 앞에 서면, 1638년의 제1건물, 1677년의 제2건물, 1766년의 제3건물과, 그 안에서 명멸했던 역사적 변화의 흔적들이 나이테처럼 겹쳐져 어른거린다.

뒷이야기 하나

'하버드 홀'의 화재에서 2권의 책은 어떻게 살아남을 수 있었나?

1764년 1월 24일의 '하버드 홀' 화재에서 살아남은 단 2권의 책 중 한 권은, 불타는 소돔 성에서 구출됐다가 소금기둥이 된 롯의 아내의 운명에 대한 논쟁을 담은 "Shewing(showing) causes why ye(the) woman was turned into rock rather than table salt(왜 여자가 소금이 아니라 바위로 변했는지 그 이유에 관하여)"이고, 다른 한 권은 "Ye Haivenlee Tweens" 또는 "Christian Warfare against the Devil, World and Flesh, 1634"('악마와 세상, 육신에 대적하는 그리스도인의 전투'. 일설에 의하면, 이 책만이 '존 하버드'의 장서 중 유일하게 살아남은 책이라는 주장도 있음)라고 한다.

모든 것이 전소돼 버린 '하버드 홀'의 큰 화재에서 2권의 책은 어떻게 살아남을 수 있었나? 전해 내려오는 설에 의하면, 브릭스라는 학생이 숙제 레포트를 쓰려고 도서 대출을 받았다가 반납 기한을 어기고 계속 책을 가지고 있는 바람에 목숨을 건졌다는 것이었다.

그런데 문제는 그 다음부터이다. 이 학생이 그런 사실을 말해야 하나 말아야 하나 고민하다가, 그래도 정직이 최선이라는 생각에 큰 맘 먹고 책을 가지고 총장에게 찾아가 사실대로 고하고 책을 바쳤다.

그랬더니 Eddie Holyoke 총장이 크게 기뻐하며 책을 받은 다음, "그렇지만 도서반납 기한을 어겼으므로 학칙에 따라 퇴학 처분을 할 수밖에 없다."며 브릭스를 퇴학시켜 버린 것이다. 형식적 정의가 얼마나 정의롭지 못한 것인지를 보여 주는 씁쓸한 일화가 아닐 수 없다.

뒷이야기 둘

VERITAS가 새겨진 책 3권에 숨겨진 이야기

하버드대 초대 총장이었던 던스터(Dunster) 총장이 1643년 어느 날, '하버드 홀' 앞에서 3권의 책을 끼고 가는 한 학생과 마주쳤다.

"학생, 그 책들은 무엇인가요?"라고 총장이 묻자, "제가 공부하려고 도서관에서 빌려온 '진리'(Veritas)에 대한 책 3권입니다."라는 학생의 답변에서 영감을 얻은 총장은 "Veritas, Veritas, Veritas!"라고 외치고는 다음날 채플 시간에 "앞으로 Veritas가 새겨진 책 세 권의 문양이 학교를 상징할 것이다."라고 공표하였다.

The First Prexy, Harry Dunster.

하버드대 초대 총장 해리 던스터

출처: A History of Harvard

출처: A History of Harvard

그 후 1836년 9월 8일 하버드대 200주년 기념식에서 퀸시(Josiah Quincy) 총장이, 던스터(Dunster) 총장 때인 1643년경에 손으로 그린 'VERITAS' 방패의 스케치를 발견하였다며 향후 학교 문장으로 사용하기로 공표한 이래, 1843년 하버드대학교가 공식적으로 현재의 교표 문장을 채택하여 오늘에 이르게 되었다.

'3권의 책' 위에 'VERITAS' 글자가 두 자씩 나누어 새겨진 방패 문양의 의미는 다음과 같다.

① 3권의 책(성경)은, 성부, 성자, 성령이라는 3위1체 하나님을 상징하며, '하나님을 사랑'하고 '네 몸을 사랑'하듯이 '이웃을 사랑'하라는 Triple Love(삼중 계명)의 가르침이 배어 있다.

② VERITAS(라틴어로 '진리'라는 뜻)는, 진리인 하나님의 말씀(성경) 또는 예수 그리스도를 상징하는 것이었다.

③ 방패는, 전쟁 때 창, 칼, 화살 등 적의 공격으로부터 몸을 보호하는 개인용 방어 무기인데, 영적 전쟁에서 자기를 지키고 승리하기 위한 믿음의 방패라는 의미이다.

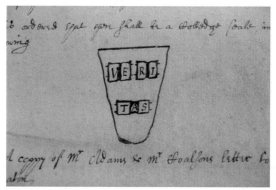

1643.12.2. 하버드 학교법인의 College Book I 에 그려져 있는 베리타스 방패(VERITAS shield) 초안

출처: Harvard University

이 모든 것의 근거는 신약성경 에베소서 6장 13~17절에 있는 다음과 같은 성경말씀에 기반한 것이다.

"그러므로 하나님의 전신 갑주를 취하라.
이는 악한 날에 너희가 능히 대적하고 모든 일을 행한 후에 서기 위함이라.
그런즉 서서 진리로 너희 허리 띠를 띠고,
의의 호심경을 붙이고,
평안의 복음이 준비한 것으로 신을 신고,
모든 것 위에 믿음의 방패를 가지고
이로써 능히 악한 자의 모든 불화살을 소멸하고,
구원의 투구와 성령의 검 곧 하나님의 말씀을 가지라."

뒷이야기 셋

하버드의 문신 - VERITAS 방패

　오늘날 이 하버드 방패는 하버드대 캠퍼스의 Gate, 건물, 출입문, 로비, 창문 등의 구석구석과 깃발, 의류, 모자, 컵, 볼펜, 열쇠고리 등 하버드대 물건의 곳곳에 문신처럼 새겨져 있다.

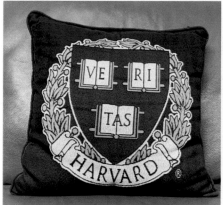

소위 하버드 '굿즈'에 새겨진 하버드 방패　　　　　　　　하버드 열쇠고리

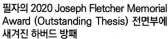

필자의 2020 Joseph Fletcher Memorial Award (Outstanding Thesis) 전면부에 새겨진 하버드 방패

Johnston Gate 기둥에 있는 하버드 방패

뒷이야기 넷

VERITAS 방패의 책이 엎치락뒤치락 뒤집어진 사연

그런데 하버드 방패 위의 이 '3권의 책'을 유심히 살펴보면, 어떤 방패에는 위에 있는 두 권의 책과 아래에 있는 한 권의 책이 다른 점을 발견할 수 있다.

즉, 하버드 동상 좌대 옆구리에 박혀 있는 하버드대 방패에는, 위쪽 두 권의 책은 펼쳐져 있고, 아래쪽 책은 엎어져 있다.

펼쳐져 있는 첫 번째, 두 번째 책과 엎어져 있는 세 번째 책   엎어져 있는 세 번째 책   출처: Austin Hall 건물 외벽
출처: 하버드 동상 좌대

1643년의 하버드 방패 초안에도 두 권의 책은 펼쳐져 있고 한 권의 책은 엎어져 있는데, 까만 책등에 A자가 찍혀 있다. 그러다가 1650년과 1692년의 방패가 정사각형으로 바뀌면서, 세 권의 책이 모두 펼쳐지게 된다.

그러나 퀸시 총장이 복원한 1843년 버전의 방패에서는 원안에 충실하게 위쪽 두 권의 책은 펼쳐지고, 아래쪽 책은 엎어지게 디자인이 된다.

그 후, 공식 대학 인장(Seal)으로 공인된 1847년, 1885년, 1935년의 버전에서는 세 권의 책이 모두 펼쳐진 채로 그려져 지금에 이르고 있다.

그렇다면 무슨 뜻이 있기에 이렇게 엎치락뒤치락 했던 것인가?

거기에는 심오한 신학적 함축이 담긴 하버드 방패 문양이 대학의 세속화 경향과 맞물려 영적 전쟁을 벌인 숨은 사연이 있다.

설립 초기 하버드대는 성직자 양성을 위한 신학교였으나, 미국이 독립한 18세기부터 일반 대학으로 바뀌기 시작하다가, 마침내 1886년 하버드대에서 의무적 예배 참석을 전면 철폐하면서 엎어져 있던 신비의 아래쪽 책도 완전히 오픈해 버린 것이다.

즉, 위쪽의 열린 두 책은 구약과 신약에서 실현된 진리(예수)를 상징했다. 구약에는 오시기로 예고된 메시아에 대한 오래 전 언약, 신약에는 그 메시아(예수)가 와서 인간성 회복과 구원에 대해 전한 새로운 언약을 담고 있다. 그러나 엎어져 있는 세 번째 책은 아직 실현되지 않은 진리(재림 예수)를 나타내는데, 그 실현 시기는 비밀에 부쳐져 있기 때문에 열어 보일 수 없는 디자인이 된 것이었다.

신학적으로 이것을 'already, but not yet'이라고 하는데, 'already'란 초림 예수, 'but not yet'은 재림 예수를 말한다. 즉, 'already'란 예수 그리스도의 오심(초림)으로 영적인 '하나님 나라'가 이미 시작되었다는 것이고, 'but not yet'이란 그 하나님 나라가 아직 완결(충만)되지는 않았다는 것으로, 하나님 나라의 극치인 '새 하늘과 새 땅'은 예수 그리스도의 다시 오심(재림) 이후에 성취된다는 것이다.

그 중간시대를 살아가고 있는 오늘날의 그리스도인들은 이미(already) 와있는 성령의 하나님 나라 안에서, 아직은(yet) 다가오는 궁극의 하나님 나라를 소망하며, 지금 부름받은 각자의 자리에서 청지기로 살아가는 신앙적 생활을 해야 한다는, 심오한 신학적 의미가 하버드 방패 안에 담겨 있었던 것이다.

그러나 유럽과 미국에서 시작된 세속화의 영향으로, 신이 아니라 인간의 힘에 의하여 지상 낙원을 이룩할 수 있다는 인본주의가 신본주의를 뒤집어 버리면서, 하버드 방패에서도 마지막 책의 모양새를 위로 뒤집으며, 학문적 연구가 진리(VERITAS) 탐구인 것으로 개념이 변경된 것이다.

4 _____ 홀든 채플 (Holden Chapel)
: 100년도 넘게 하버드생들을 매질했던 하버드 구타의 흑역사

Holden Chapel   出처: Wikipedia

'Harvard Hall' 바로 뒤편에 있는 '홀든 채플'(Holden Chapel)은 하버드 대학 구내에 세워진 최초의 독립된 예배당 건물로서, 1742년에 건축된 하버드 캠퍼스에서 세 번째로 오래된 건물이다.

건축자금의 후원자는, 사망한 은행가 겸 하원의원의 부인인 Jane Holden여사였는데, 신앙심이 깊었던 그녀는 그 시절 아직 미국이 독립(1776년)하기 전 본국인 영국으로 건너가 대서양 건너 영국령의 이 엘리트 미션 스쿨에 예배당 건물을 짓기 위한 선교헌금을 모은 다음, 모든 학생들이 정기적으로 예배에 참석해야 한다는 조건으로 예배당 건축비를 지원했다고 한다. 그런데 이 교회당 건물의 건축가는, '하버드 홀'의 냉철함이 마음에 들지 않았는지, '홀든 채플'의 입구 위에 있는 삼각형 페디먼트의 박공 부분을 화려한 바로크 양식

Holden Chaple의 박공 장식　　　　　　　출처: Wikipedia

의 장식으로 치장하였다.

　이 장식은 후원자인 Holden가문의 문장을 담고 있는데, 그 색감이 풍부하고 굉장히 섬
세한 부분까지 아름답게 표현하고 있을 뿐만 아니라, 방패 모양의 남성용 문장이 아니라
다이아몬드 모양의 여성 전용 문장을 새겨넣어 후원자가 여성이라는 사실을 당당히 드러
냈다는 점에서, 당시 미국의 고정관념상 상당한 용기가 필요했을 것이라는 추측이 든다.

Holden Chaple　　出처: ©2024 The Harvard Crimson, Inc. All rights reserved. Reprinted with permission.

출처: A history of Harvard

어쨌든 '홀든 채플'은 초기 조지안 건축양식의 훌륭한 건축물이라는 점은 분명했기 때문에, 사람들이 "홀든 채플은 미국 민들레(주변 기숙사 건물들) 사이에서 피어난 외로운 영국 데이지 꽃과 같다."는 식으로 칭송을 하곤 했다. 자그마하지만 비율과 규모 면에서 모두 우아하고 친밀한 느낌을 주는 '홀든 채플'은 건축학적으로 봤을 때 '올드 야드'(Old Yard)의 자랑거리라고 할 수 있었기 때문이다.

그러다가 1766년에 '하버드 홀'(Harvard Hall)을 새로 지으면서 그 안에 더 널찍한 예배당이 개설되자, '홀든 채플'은 더는 예배당으로 사용되지 않게 된다. 그런데 1783년에 하버드 의과대학이 설립되면서 이 아담한 건물이 하버드 의과대학의 발상지가 되는 명예를 얻는다. 기존의 성가대석을 높이면 구조적으로 시체 해부 실습을 하기에 딱 좋았기 때문이다.

그후 하버드 의대가 환자가 많은 보스턴의 강남 도심지로 떠나고 난 뒤, 오늘날 '홀든 채플'은 1999년에 리모델링을 한 다음에 음악 리허설과 작은 공연 및 집회 공간으로 사용되고 있다.

뒷이야기 하나

하버드생들을 매질하던 총장의 회초리

1755년 5월의 어느 화창한 주일 날, 'Holden Chapel' 예배당에서 경건하고도 엄숙한 예배가 드려지고 있을 때, 강대상에 올라간 홀리요크(Holyoke) 총장은 아버지 같은 훈훈한 미소를 지으며 "오늘 중대 발표를 하나 하겠다."고 운을 떼었다. 무슨 일인가 싶어 모두가 그에게 집중하자, 그는 "지성의 전당인 하버드에서 더 이상의 체벌은 없을 것이다."라고 발표하였다.

A Most Enjoyable Oral Examination.

진땀나는 라틴어 성경 암송 테스트 모습

출처: A Story of Harvard

그리고는 그러한 결정을 증명하기 위하여, 학교생활과 학습태도가 불량한 학생들에게 가차없이 가해졌던 매질의 도구인 자작나무 막대기 회초리를 눈앞에서 부러뜨려 두 동강 내버렸다. 무려 117년간이나 이어져 내려오던 하버드 매질의 흑역사가 부러지는 순간이었다. 이는 그가 이룬 모든 후일의 업적을 뛰어넘는 위대한 결단이었다.

이에 학생들은 물론 여성들을 포함한 그날 예배에 참석했던 모두는 홀리요크(Holyoke) 총장을 향하여 우레와 같은 기립박수를 보냈으며, 매우 감동적으로 "So Let Us Rejoice"(그러므로 우리 모두 즐거워하자)라는 찬송가를 목청껏 소리 높여 불렀다고 한다.

역사를 거슬러 올라가보자면, 원래 하버드대가 개교했던 1638년에는 지금의 자리에 통나무로 지은 하나뿐인 건물의 교실에서 12명의 학생을 데리고 1명의 교사 겸 교장이 성경공부, 밭 갈기, 톱질하기 등의 수업을 하기 시작했었는데, 나다니엘 이튼(Nathaniel Eaton)이라는 교사 겸 교장(Schoolmaster)이 첫해부터 걸핏하면 학생들을 구타하고 식사도 잘 안 주고 학대를 일삼는 바람에

출처: A history of Harvard

학생들이 밤에 몰래 도망쳐 버리는 등 이탈해 버리는 일이 잦았다.

결국 1939년 매사추세츠 베이 식민지 의회는 이튼 교장을 해고하면서 그에게 벌금형을 부과하고, 학교의 문을 닫고 만 구타의 흑역사가 있었음에도 불구하고, 이후에도 엄격하고 우울했던 청교도 시절의 신학교였던 하버드에서는 수도승 못지 않은 금욕주의하에 라틴어 성경 암송 등의 주말시험, 월말시험, 기말시험 등 과제를 제대로 못하거나 학교생활과 학습태도가 불량한 학생들에게 '사랑의 매질'을 해왔던 것이다.

5 _____ 매사추세츠 홀 (Massachusetts Hall)
: 총장집무실 위층의 기숙사에서 뒹구는 신입생들

매사추세츠 홀(Massachusetts Hall)   출처: Wikipedia

'매사추세츠 홀'(Massachusetts Hall)은 1721년에 완공된 건물로, 현존하는 하버드대 건물 중 가장 오래된 건물이다. '존스턴 게이트'를 통하여 캠퍼스 안으로 들어서자마자 오른쪽에 있는 진홍빛의 적벽돌 건물이 '매사추세츠 홀'인데, 건너편의 '하버드 홀'과 마주 보고 서있다.

외관이 소박하고 단순한 '매사추세츠 홀'은, 건물 전면의 양쪽과 옆구리에 평범하게 생긴 출입구가 있으며, 여러 개의 지붕창들이 달린 가파른 맞배지붕의 양쪽 옆구리와 중앙에 두 개씩 우뚝 솟아 있는 굴뚝들은 그 옛날 석탄을 때던 시절의 난방 시스템의 흔적이다.

1720년경 하버드대학 내에서 기숙 생활을 하던 학생은 140명이나 되었는데, 그러고도

예전의 하버드 홀(좌)과 매사추세츠 홀(우)   출처: depositphotos.com

하버드대에 대한 지원자가 계속 증가함에 따라, 새로 들어오는 신입생들을 수용할 더 많은 기숙사가 필요하다는 대학의 호소에 따라, 매사추세츠 당국이 지원한 3,500 파운드(현재 시세로 약 60만 달러 상당)의 자금으로 새롭게 지은 기숙사 건물이라서 '매사추세츠 홀'이라고 이름 붙여졌다.

'매사추세츠 홀'의 설계는 당시의 총장이었던 존 레버렛(Leverett)이 하였는데, 나중에 그의 후임 총장이 되는 워즈워스(Wadsworth)와 긴밀히 의논하며 건축했다고 한다. 이 새로운 기숙사에는 각 침실마다 기도와 공부를 위한 작은 개인공간을 마련해 주는 등 당시로서는 프라이버시를 상당히 배려한 설계였다.

출처: A Story of Harvard

그런데 건물이 완공되자 60명의 신입생들이 입주한 데에 더하여, 교수들까지 들어와 생활할 수 있게 허용되었다. 학생들은 교수들과 같은 공간에서 함께 지내는 것에 대해 아주 껄끄러워했지만, 학교법인에서는 함께 살면 오히려 사제지간의 정이 돈독해질 수 있을 거라며 그대로 시행하였다.

그러한 전통을 이어받아 현재도 '매사추세츠 홀'

은 교수와 학생의 공동 공간으로 사용되고 있다. 즉, 1·2층 및 3층 절반에는 총장실, 부총장, 교무처장, 재무관 등의 사무실과 회의실이 있으며, 4층 등 나머지 위층에는 신입생들의 기숙사가 있다. 우리나라 대학에서는 찾아보기 쉽지 않은 구조의 건물이다. 총장님 집무실 위에서 신입생들이 뛰어놀다니!

그렇게 수세기를 견뎌온 '매스 홀'(학생들은 '매사추세츠 홀'을 줄여서 'Mass Hall'이라 부른다)은 지금도 여전히 그 자리에 서서, 많은 신입생들이 하버드에 대한 순진무구한 자부심을 안고 입학했다가, 너무나도 뛰어난 동료들과의 치열한 공부에 지쳐 창백한 뺨과 절망하는 눈빛으로 겸손함을 배우게 되는 과정을 지켜보고 있다.

6 _____ 존 하버드(John Harvard)의 동상
: 하버드 동상에 얽힌 세 가지 거짓말의 진상

하버드대의 정문인 '존스턴 게이트'를 거쳐 '하버드 홀'과 '매사추세츠 홀'을 둘러보고 난 다음에 가야 할 곳은, 이 대학에 빛나는 이름을 선사한 '존 하버드'의 동상 앞이다.

하버드의 동상은 오랜 전통이 서린 '유니버시티 홀' 앞에서, '유니버시티 홀'의 중앙 부분의 약점을 보완하며, '올드 야드'(Old Yard)의 탁 트인 전망을 바라보고 앉아있다. 이는 하버드를 방문하는 사람이라면 누구라도 한 번쯤 봐야만 하는 인상적인 모습이다.

하버드 동상이 있는 University Hall(흰색 건물)   출처: erix2005/ Depositphotos.com

링컨 대통령의 좌상

1884년에 이 동상을 조각한 작가는, 워싱턴 DC에 있는 링컨기념관 안의 의자에 앉아 있는 링컨 대통령의 거대한 동상을 1922년에 디자인한 저명한 미국의 조각가 '대니얼 체스터 프렌치'(Daniel Chester French)이다.

1883년 하버드대 출신의 동문인 보스턴의 재력가 Samuel J. Bridge가, 당시 33세의 젊은 신진 조각가였던 French에게 "하버드 야드를 지키는 '존 하버드'의 동상을 제작해 달라."는 의뢰를 했을 때, 그는 '일생에 한 번 있을까 말까 한 기회'라며 떨리는 마음으로 최선을 다하기로 결심했다고 한다. 그리고 분명 그가 그때 그 일에 최선을 다했기 때문에 38년 뒤 의자에 앉은 링컨도 그를 찾아갔음에 틀림이 없다.

당시 청동상 제작 도급계약을 체결하면서 의뢰인이 내건 두 가지 조건이 있었는데, 첫째, 동상 작품을 딱 1년 내에 만들어 설치해야 한다는 것과, 둘째, '존 하버드'의 실물 초상화는 어디에도 없다는 것이었다.

그래서 프렌치는 자신의 창조적 상상력을 총동원하여 '존 하버드'라는 인물의 정수를 포착해내야만 했다. 그는 '존 하버드'의 생애에 관한 모든 자료들을 면밀하게 조사하였고, 당대의 청교도 성직자의 복장에 관해서도 연구하였다. '존 하버드'를 서있는 입상으로 할 것인지, 앉아있는 좌상으로 할 것인지 한참 고민한 끝에 최종적으로는 무릎에 성경책을 펼쳐놓고 의자에 앉아있는 지금의 모습으로 결정하였다.

동상의 주인공의 모습에 대하여 계속 고민하던 중 때마침 만난 하버드 로스쿨 재학생 (1882년 하버드대 졸, 1884년 하버드 로스쿨 졸업 후 변호사, 검사, 하원 의원이 되어, 미국과 스페인 전쟁이 벌어진 쿠바를 둘러보러 갔다가 장티푸스(typhoid fever)에 걸려 38세로 사망하는) '셔먼 호어'(Sherman Hoar, 1860.7.30.~1898.10.7.)를 모델로 삼아 동상의 머리 부분을 스케치하였지만, 작가의 양심상 얼굴까지 똑같이 복제하지는 않았다고 한다.

'존 하버드' 동상은, 의자에 앉아 무릎에 놓인 성경책을 읽다가 한 손을 내려놓고 잠시 눈을 들어 묵상에 잠긴 듯한 얼굴과, 독서에 심취하였다가 잠시 휴식을 취하는 손, 살짝 앞으로 내민 왼발, 의자 밑에 놓인 두 권의 책 등의 조형을 통하여, 청교도의 타협 없는 신앙심의 도도함과 함께, 미지의 이상향을 향한 담대한 도전정신의 생동감이 드러나면서도, 인간이기에 짊어져야 하는 육체적 고뇌 등을 입체적으로 잘 표현하고 있다.

학생시절의 Sherman Hoar
출처: Wikipedia

젊은 조각가 프렌치의 작품이 존 하버드의 '육체'와 '정신'과 '영혼'의 세 가지 측면을 잘 재현해내며 훌륭하게 마무리되자, 평소 그렇게 엄격하기로 소문이 난 Eliot 총장조차도 "매우 감동적인 작품이다"라며 칭찬을 아끼지 않았다고 한다.

John Harvard의 동상   출처: Stephanie Mitchell/ Harvard University

원래 하버드의 동상은 1884년 10월 Memorial Hall 앞 잔디밭에 약간 외지게 설치되었다가, 보다 더 많은 사람들의 기념과 사랑을 받을 수 있도록 1924년에 Harvard Yard 내 '유니버시티 홀' 앞으로 옮겨져 이전 설치되었다.

원래 Memorial Hall 앞 잔디밭에 설치됐던 하버드 동상   출처: Wikipedia

학위수여식 날에는 모든 졸업생들이 열을 지어 이 조각상 앞을 지나가며 경의를 표하기 위해 한 손으로는 사각모를 들어 올리고, 다른 한 손으로는 설립자의 발등을 만지며 지나

가고, 그에 맞추어 "위대한 하버드, 깨달음의 전도자, 그리고 사랑의 메신저가 되어라. 청교도의 후배들이 이어지는 한"이라는 노래가 울려 퍼진다고 한다.

노랗게 광택이 나는 하버드 동상의 왼쪽 구두 끝   출처: Pixabay.com

물론 '하버드 동상의 왼발을 만지면 그 자신이나 그의 자녀가 언젠가 하버드에 입학하게 된다'는 속설에 따라, 방문객들마다 손을 얹고 기념사진을 찍다 보니, 바로 지금 이 순간에도 하버드의 왼쪽 구두 끝은 반질반질하게 광택이 나며 빛나고 있다.

하버드 동상 아래의 좌대 정면에는 '존 하버드, 설립자, 1638년'(JOHN HARVARD, FOUNDER, 1638)이라는 글씨가 음각으로 새겨져 있다.

그런데 무심한 방문객들에게 재미로 뭔가 흥미거리를 늘어놓고 싶은 노란모자 가이드들이 "이 동상에는 '세 개의 거짓말'이 담겨 있다."고 말하는 바람에, 세계 최고의 학문의 전당에 안치되어 있는 하버드 조각상을 바라보며 신비감에 젖어있던 사람들을 당황하게 만든다.

하지만, 비록 존 하버드가 대학의 단독 설립자가 아니라 최초의 기부자였고, 1638년은 하버드 대학이 설립된 연도가 아니라 개교한 연도이며, 이 조각상이 존 하버드의 정확한 실제 모습이 아니라고 할지라도, "조각상에 세 개의 거짓말이 있다."고 공공연히 퍼뜨리는 무람없는 말 자체가 네 번째의 거짓말(fake news)임을 알아야 한다.

우선 대학 설립자에 대하여 살펴보자.

어찌 보면 존 하버드 조각상 아래에 있는 FOUNDER라는 표기 자체가, 존 하버드를 유일한 대학 설립자라고 단정짓지는 않는 것 같아 보일 수도 있다. 사실 이 FOUNDER(설립자)라는 단어는, 유일한 설립자(the FOUNDER)라기보다는 여러 설립자 중 하나의 설립자(a FOUNDER)라고 해석될 수도 있기 때문이다. 1934년에 하버드 학교법인 이사회의 사무총장도 같은 견해를 비친 적이 있다.

그러나 존 하버드는 유일하든 아니든 분명한 하버드 대학의 설립자이다. 왜냐하면 이 대학은 '뉴 칼리지'라는 이름으로 통나무 교실에서 개교하였으나, 등록금을 밀·옥수수·과일 등 농산물이나 닭·양 등 가축으로도 받는 등 제대로 된 운영비가 없어 교사 채용도 못한 채 1년간 지지부진 지리멸렬했었다.

등록금 내는 날

Term-Bill Day.

출처: A history of Harvard

그러다가 끝내 학교의 문을 닫고 마는 등 명맥이 끊어지게 된 당시의 열악한 형편의 신대륙 최초의 교육기관에, 누구도 예상치 못했던 엄청난 물량의 유증을 선뜻 내놓은 존 하버드야말로 지속 가능한 대학의 설립을 실현시킨 실제적이고도 유일한 설립자였기 때문이다. 그의 동상 좌대에 1638년이라고 새겨진 이유도, 존 하버드가 1638년에 기부한 바로 그 기부금으로 인하여 다 죽었던 대학이 기사회생했기 때문이다. 전후좌우 내막을 좀 더 자세히 들여다볼 필요가 있다.

'하버드 칼리지'의 전신이었던 공립 '뉴 칼리지'는 1636년 10월 28일 매사추세츠 베이 식민지 주민 총회(Great and General Court of Massachusetts Bay Colony, 약간 풀어 번역하자면, '매사추세츠만 연안 일대의 식민지를 관할하는 자치 총회')가, 신대륙 청교도 이주민들의 신앙적 지도자를 양성할 신학대학을 설립하기로 의결하면서, 400파운드를 출연하기로 하되, 1637년 11월 15일 뉴타운(지금의 하버드 메인 캠퍼스) 지역이 대학 부지로 선정할 때 토지구입비로 200파운드를, 교사 건축비로 200파운드를 추가로 지원하기로 하여(실제로 얼마나 제대로 지원됐는지는 모르지만), 1638년에 개교하여 (예수님이 12제자를 길렀듯이) 신학생 12

명을 데리고 교사 겸 교장 1명이 오두막 같은 통나무 교실에서 성경공부, 밭 갈기, 톱질하기 등의 수업을 시작하였다.

그러나 나다니엘 이튼(Nathaniel Eaton)이라는 교사 겸 교장(Schoolmaster)이 첫해부터 걸핏하면 학생들을 구타하고 식사도 주지 않으며 학대를 일삼는 바람에 학생들이 이탈해 버리자, 1939년 매사추세츠 베이 식민지 의회는 이튼 교장을 해고하면서 그에게 벌금형을 부과하고 학교의 문을 닫기에 이른다.

그렇게 휴교된 학교는 1638년 9월 14일 존 하버드가 임종하면서 고급 장정본 400권의 책과 그의 재산의 절반인 약 800파운드에 상당하는 거액의 유증을 하자, 그에 힘입어 학교이름을 '하버드 칼리지'(Harvard College)로 개명하였다. 또한 영국에서 케임브리지대 석사 출신의 청교도 성직자 겸 교장이었던 Henry Dunster를 '하버드 칼리지'의 초대 총장(President)으로 영입하여 1640년에 사립 '하버드 칼리지'로 면모를 일신하면서 정식으로 개교, 1642년에 Winthrop 주지사와 Dunster 총장 주재하에 제1회 졸업생 9명을 배출하게 되었다.

이후 14년간 재임했던 던스터 총장이 하버드대에 부임하여 시행한 첫 번째 정책은, 전임자와 다르게 '잘 먹고 잘 재운다.'였다. 풍성한 존 하버드의 기부금품에 힘입어 존 하버드의 도서관이 장착된 번듯한 '하버드 홀'이 신축되고, 식당과 주방, 침실과 공부방, 강당과 예배실이 함께 있는 기숙형 대학(Residential College)이 힘차게 출범할 수 있었다.

한편, 이 동상은 존 하버드의 모습이 아니라 하버드 로스쿨생 Sherman Hoar를 모델로 하여 제작한 것이라는 말 또한 무의미한 소리이다.

아무도 서울 광화문에 있는 세종대왕의 동상이나 이순신 장군의 동상을 두고 진짜 모습이 아니라고 폄하하는 사람은 없는 것과 같은 이유에서이다.

메디치(Cosmo de Medici)의 조각상이 진짜로 메디치를 닮은 것이냐고 묻자, 미켈란젤로는 "100년 후에는 그럴 것이다."라고 대답했다고 한다. 다시 말해서 미켈란젤로는, 작품에서 우러나는 분위기와 기상, 조각상에 표현된 주인공의 신념과 성격, 성공과 실패가 농축된 인생의 내력 – 그런 것들을 조각상에서 느끼기를 바랐던 것이지, 사진처럼 실제로 똑같이 닮았느냐 아니냐는 중요한 가치로 여기지 않았던 것이다. 말하자면 외모가 아니라 영혼을 보라는 것이다. 거기에 더하여 "예술은 사실을 말하는 거짓말이다."라는 피카소의 말도 음미해 볼 필요가 있다.

하버드 동상

출처: Library of Congress

뒷이야기 하나

'존 하버드'는 누구인가?

John Harvard의 초상화
출처: A History of Harvard

존 하버드(John Harvard, 1607.11.26.~1638.9.14.)는 영국 런던에서 태어나 영국 케임브리지 대학교(Cambridge University), 임마누엘 칼리지(Immanuel College)에서 신학을 전공한 신학자이자, 28세인 1635년에 석사 학위를 받은 개신교 청교도 성직자이다.

그런데 이 위대한 이름의 젊은 주인공 '존 하버드'가 미국에서 지낸 기간은 사실 13개월 보름 정도에 불과하다. 하버드대에 끼친 영향에 비하면 매우 짧고도 신비한 삶을 살다가 간 '존 하버드'는 누구인가?

역사가들의 연구에 의하면, 존 하버드는 1625년 아버지가, 1635년 어머니가 각각 사망했고, 이듬해인 1637년 5월 5일에 그의 유일한 형 토마스마저 사망하자 집안의 전 재산을 유언공증으로 유증받게 되면서, 한 해 전에 결혼한 아내 '앤 하버드'(Ann Harvard)를 데리고 400여 권의 고급장서와 1,700~2,000파운드 상당의 거금을 싣고 신앙의 자유를 찾아 미국 신대륙으로 출항하게 된다.

12주라는 짧지 않은 대서양 항해를 거쳐 1637년 7월 말경 보스턴에 도착한 뒤, 만 30세인 1637년 8월 1일에 찰스타운(보스턴 맞은편 찰스강 건너 바닷가 마을로, 하버드가 있는 케임브리지 시티의 동쪽 동네)에 자리를 잡고 시민으로 주민등록을 하게 된다.

신대륙에 도착하자 땅들을 사고 새 집을 지어 안착한 존 하버드는, 자기보다 먼저 자리잡은 케임브리지대 출신 동문들의 도움을 받아 청교도 성직자의 푸른 신앙의 자유를 마음껏 구현하며 불을 뿜는 설교와 성경강해 등 선교활동에 매진함은 물론 시민위원회 위원으로 선임되어 공익봉사활동을 하는 등 빠르게 이름을 알리기 시작한다.

물려받은 부자였던 하버드가 신대륙에 건너와 취득한 부동산의 보유량은 상당히 광범위하였다. 찰스타운과 케임브리지는 물론 그에 인접한 여러 지역에 걸쳐, 수십, 수백 에이커씩의 경작지, 목초지, 삼림지, 습지 등으로 다양하게 구성되어 있었다. 심지어 '워터필드의 약 120에이커의 땅은 하버드 부인(Mrs. Ann Harvard)이 매입하여 그녀의 명의로 소유하였다.'는 기록만으로도 존 하버드가 엄청난 자산가였음을 잘 알 수 있다.

하버드에서 바라본 오늘날의 Boston City Skyline   출처: by Tony, Wikipedia

　1637년 8월 13일, 지금의 하버드대 캠퍼스가 있는 '뉴 타운'에서 시노드(Synod, 성직자 회의)가 열렸을 때, 회의 참석차 그곳을 방문한 존 하버드는 말을 타고 돌아다니면서 골프장의 잔디 구장 같이 펼쳐진 찰스강변의 너른 잔디밭의 아름다운 경관에 감명을 받으며, 자신의 모교 케임브리지 대학 못지 않은 하버드 대학의 모습을 꿈꾸게 된다.

　거기에다 존 하버드는 매사추세츠 베이 식민지의 첫 주지사였던 윈스롭(John Winthrop)이 지은 거대한 규모의 저택을 10파운드에 매수하여 마을 공공 집회장으로 선뜻 내놓기도 하였다.

　이처럼 독실한 그리스도인으로서 학구적이고 경건한 신학자요, 눈물을 흘리며 설교하던 성령 충만한 성직자, 관대한 자선 사업가, 그리고 시민위원으로 선임되어 맹활약했던 공익봉사자였던 그는, 공의를 이루기 위해 동분서주하다가 아직은 낯선 땅에서의 차갑고 매서운 겨울을 지나며 과로가 겹쳐 폐질환으로 만 31세에 사망하고 말았다.

뒷이야기 둘

'존 하버드'를 신대륙으로 이끌었던 청교도의 신앙이란 무엇인가?

청교도(淸敎徒, Puritan)라 함은, 1517년의 종교개혁(the Reformation) 이후 마르틴 루터, 쯔빙글리, 존 칼빈 등의 영향을 받은 16~17세기 사이의 영국의 개신교도(Protestant)들을 말한다.

그들은 로마 가톨릭(Catholic)의 '교황과 제도 중심주의' 및 영국 성공회(Anglican Church)의 '국가와 왕실 중심주의'로부터 독립하여, Sola Fide(오직 믿음), Sola Gratia(오직 은혜), Sola Scriptura(오직 성경)을 모토로 '성경과 복음 중심주의'를 추구하고, 도덕적으로 일상생활 속의 근면, 성실, 절제, 단정함을 철저히 실천하면서 로마 가톨릭과 영국 성공회를 정화(purify)하고자 했기 때문에 청교도(淸敎徒, Puritan)라고 불리게 되었다.

이들은 개인의 신앙을 통제하는 중앙집권적 국교와 성공회 주교로부터 분리되어 각각의 신앙공동체(신자들의 모임)가 자치적으로 교회를 운영하면 된다고 주장했기 때문에 '분리주의자'(Seperatists)라고 불리기도 하였다.

그리하여 영국 왕실과 성공회 주교단으로부터 투옥과 벌금, 따돌림 등 핍박과 박해가 잇따르자, 신앙의 자유를 누릴 수 있는 새 하늘과 새 땅을 찾아 목숨을 걸고 신대륙으로 망명, 이주해 왔던 것이다.

하버드를 빛내는 또 하나의 동상

Charles Sumner의 동상

'존스턴 게이트'를 중심으로 하여 하버드 야드의 안쪽에는 John Harvard의 동상이, 바깥쪽에는 Charles Sumner의 동상이 있다.

찰스 섬너(Charles Sumner, 1811.1.6.~1874.3.11.)는 하버드대에서 학부와 로스쿨을 졸업한 인권변호사이자 매사추세츠주를 지역구로 한 연방 상원의원으로서, 노예제도 반대운동의 지도자로 활동했으며, 미국의 남북전쟁과 그 재건기에 해방 노예의 평등권 등 인권옹호에 힘을 쓴 걸출한 인물이다.

Charles Sumner   출처: Wikipedia

Preston Smith Brooks   출처: Wikipedia

섬너 공화당 상원의원은 45세 때인 1856년 5월 20일 의회에서 행한 노예해방 연설로 인하여, 이틀 뒤인 5월 22일 의사당 안에서 갑자기 들이닥친 37세의 사우스 캐롤라이나 민주당 하원의원 브룩스(Preston Smith Brooks)에게 쇠붙이가 달린 지팡이로 머리와 온몸을 구타당하여 피투성이가 되었고, 결국 그로 인하여 남북전쟁이 발발하는 계기가 되었다.

전날 상원의원 섬너는 남부의 노예농장주들의 범죄를 비난하는 연설을 하면서 상원의원 버틀러(Brooks 의원의 삼촌)를 포함하여 남부의 지도자들을 싸잡아 비난하며 "버틀러는 자신을 노예제 옹호의 기사로 믿고 있다."며, 사실은 성노예로 쓰기 위해 노예제도를 유지하는 것이라는 뉘앙스의 맹비난을 퍼부었다.

그러자 미국의 멕시코 전쟁 때 팔메토 연대로 참전을 한 미 육군 대령 출신인 브룩스(Preston Smith Brooks, 1819.8.5.~1857.1.27.)는 섬너에게 결투를 신청하려고 시도했다. 그러나 그는 결투 예절상 동일한 사회적 지위에 있는 신사들끼리만 하는 것이 결투인데 섬너가 자신의 삼촌인 버틀러 의원에게 심한 욕설을 했기 때문에 이미 신사가 아닌 것이 드러났으므로 사나이끼리의 대등한 결투는 불가해졌다는 괴이한 논리를 펴며, 천박하고 비열하게도 섬너를 공개적으로 응징하기로 영웅적인(?) 결단을 했다고 떠벌였다.

브룩스 의원은 지팡이를 가지고 케이트와 에드먼드슨이라는 동료 의원 2명까지 동반하고 상원의원 회의장으로 섬너 의원을 찾아갔다. 그리고는 의석에 앉아 있던 섬너에게 "섬너 씨, 내가 당신의 연설문을 두 번이나 주의 깊게 읽어봤는데, 내용이라곤 사우스 캐롤라이나와 내 친척 버틀러 씨에 대한 모욕뿐이었다! 이런 걸 연설이랍시고 씨부렁거리냐?"라는 욕설이 적힌 편지를 건넸다.

섬너가 대화를 하려고 일어서자, 다짜고짜 브룩스는 가지고 있던 금도공 머리 부분이 있는 나무 지팡이로 섬너의 머리를 수 차례 가격하고, 바닥에 볼트로 고정된 무거운 의원 책상조차 지팡이에 맞아 바닥에서 빠져 너덜거릴 때까지 섬너 의원을 계속 구타했다. 섬너 의원은 얼굴 전체가 피로 범벅이 되어 눈이 보이지 않았고 의식을 잃은 채 쓰러졌다.

다른 여러 상원 의원들이 섬너를 도우려고 했지만, 브룩스와 같이 온 다른 남부 출신 의원이 권총을 빼들고 "그냥 내버려 둬!"라고 외치는 바람에 제지 되고 말았고, 가해자 브룩스는 섬너를 지팡이가 부러질 때까지 때린 다음 케이트와 에드먼드슨과 함께 유유히 의사당을 빠져나갔다.

당시의 신문 삽화, "남부식 기사도: 상대방과의 논쟁에는 몽둥이로"라고 적혀있다   출처: Wikipedia

이 폭행치상 사건, 아니 보다 정확하게는 고의적인 상해 또는 살인미수 사건으로 인하여 엄청나게 경악하고 분노한 북부와는 달리, 브룩스는 남부의 영웅이 되었다. 특히 지역구인 사우스 캐롤라이나주에서 열렬한 격려를 받았다. 그간 북부 전체로부터 받아온 참을 수 없는 모욕에 맞서 브룩스가 가문의 명예와 남부 전체의 위신을 드높인 정당한 행위를 한 것이라고 칭찬하였다.

그들은 "국회에 있는 이런 철없는 노예 폐지론자들은 채찍을 때려서라도 순종시켜야 한다."고 열광하며, 때리다가 부러진 지팡이를 대신할 황금꼭지가 달린 새로운 지팡이 수십 개를 브룩스에게 선물로 보냈다. 그것들 중 하나엔 "Good Job"이라는 문구가 새겨져 있었고, 어떤 것에는 "다시 패줘!"라고 새겨져 있기까지 하였다.

본래 브룩스는 사우스 캐롤라이나 칼리지에 재학 중 경찰을 총기로 위협한 혐의로 졸업 직전에 쫓겨난 폭력 전과가 있고, 21세 때엔 텍사스 사람과 결투를 하다가 엉덩이에 총을 맞아서 평생 동안 지팡이를 짚고 살게 되었던 것이다.

섬너 의원 폭행에 사용한 지팡이   출처: Wikipedia

이 폭행 사건으로 워싱턴 DC 법원에 기소된 브룩스는 "결코 섬너를 다치게 하거나 죽일 의도는 아니었고, 정말 그럴 의도였다면 다른 무기를 사용했을 것이다. 증거가 없지 않느냐?"라고 변론하였다. 사건 두 달 뒤인 7월 15일 의원직을 자진 사임하면서 정상참작을 받아 구속되지도 않은 채 300달러의 벌금만 납부하고 마무리되었다. 재판은 진실게임이 아니라 증거게임일 뿐이라 했던가. 오히려 그는 지역구에서 사임 2주 뒤인 1856년 8월 1일 실시된 보궐선거에서 당당히 재당선 되었으며, 이듬해인 1857년부터 새로운 하원의원으로 임기를 시작할 수 있게 되었다.

반면에 섬너는 머리 상처로 인한 두통과 외상 후 스트레스 증상으로 고생을 했으며, 만성 통증과 신경쇠약을 평생 동안 겪어야 했다. 치료와 요양 후 상원의원에 다시 복귀하기까지는 3년의 시간이 걸렸다.

그러나 하늘도 무심치 않았는지 브룩스는 급살을 맞아 하루 아침에 죽고 만다. 브룩스는 38세인 1857년 1월 27일 새로운 의회 회기가 시작되기 직전에 원인 모를 갑작스런 후두염으로 숨이 막혀 사망하고 만다. 그의 죽음을 알리는 공식 전보에는 "그가 갑자기 목을 쥐고 격렬하게 고통스러워 하다가, 공포스러운 죽음을 맞이했다."고 쓰여 있었다.

한편 63세의 천수를 누린 섬너(Charles Sumner)는, 자기로 인하여 시작된 남북전쟁도 승리로 이끌고 노예제도도 폐지시키고 나서, 오랜 세월이 지난 후 "맞은 사람이 때린 사람을 용서해 주면, 미안해 하기보다는 자기가 정당해서 때린 것으로 동네방네 무용담을 늘어놓고 다니는 게 인간이더라."며, "나를 때린 것은 그가 아니라 노예제도였다."라고 말했다고 한다.

하버드 신입생 전체의 공동식당인 'Annenberg Hall'에는 섬너(Charles Sumner)의 흉상과 초상화가 둘 다 모셔져 있어, 먹고 마실 때마다 "사람을 차별하지 말라."는 그의 정신을 되새기도록 하고 있다.

한편 남북전쟁(1861.4.12.~1865.4.9.)이 끝나고 나서 얼마 지난 후인 1875년에 보스턴에서는 이 위대한 인권운동가 섬너(Sumner)를 기념하기 위한 공공 기념 동상을 건립하기로 한다.

그런데 그 준비 과정에서, 조각가 앤 휘트니(Anne Whitney)가 익명으로 응모하여 작품 초안이 당선됐다가, 제작 도중 여성인 것이 드러나 자격을 박탈 당하는 바람에 예산 지원이 중단되고 다른 작가로 대체되고 만다. 대체된 작가 토마스 볼(Thomas Ball)의 섬너(Sumner) 동상 작품은 Back Bay의 Boston Public Garden에 설치되었다.

그러나 Whitney는 이에 굴하지 않고 지인들의 후원을 받아 작업을 계속했는데, 마침내 그녀의 나이 80세에 섬너(Sumner) 동상 작품을 완성시켜 하버드대 정문 '존스턴 게이트'와 건너편 제일교회 사이의 공원 모서리에 앉혔다. 결과적으로 섬너의 동상은 찰스강을 사이에 두고 강 남북에 2개가 현재까지 의연하게 존재하고 있다.

7 _____ 유니버시티 홀 (University Hall)
: 미국 국회의사당을 건축한 Bulfinch가 지은 대학본부 건물

하버드 대학교에서 사람들이 사진을 가장 많이 찍는 장소가 '존 하버드'의 동상 앞이기 때문에, 하버드 동상의 배경 건물인 '유니버시티 홀'(University Hall)도 자연히 사람들이 가장 많이 방문하는 곳이다.

University Hall의 서쪽면

'유니버시티 홀'은 대학 본관이라는 이름처럼 각 전문대학원을 제외한, 하버드 일반대학원과 하버드대 학부 전체를 포괄하는 인문사회과학부(FAS, Faculty of Arts and Sciences) 소속의 학장과 학사행정 업무를 처리하는 교직원들의 사무처가 있는 행정동이다. 또한 위층에는 우아한 분위기의 교수 라운지(Faculty Room)가 설치되어 있는 교수들의 건물이기도 하다.

출처: A Story of Harvard

1813~1814년도에 지어진 이 건물의 디자인은 얼핏 보아도 동시대를 앞선 매우 모던한 느낌이 든다. 하버드 야드 내의 크림슨 적벽돌 건물들과 달리 차가운 회색빛 화강암 석조를 사용했다는 점에서 다소 튀어 보이기까지 한다.

이 건물을 설계한 건축가는 하버드대에서 1781년 학부, 1784년 석사학위를 취득한 동문으로서, 미국 국회의사당, 매사추세츠 주 의사당 등을 설계 및 건축한 저명한 건축가 '찰스 불핀치'(Charles Bulfinch)이다.

미국 국회의사당   출처: Wikipedia

물론 의도했던 대로 가장 오랫동안 사용되었던 공간은 총장실이었지만, "라틴어 문법 중 어려운 부분만 골라 암송을 강요하는 것은 가혹하다."는 등의 이유를 들며 때때로 학생들에 의한 소란이 벌어지자, 총장실은 1939년에 정문 옆 건물인 '매사추세츠 홀'로 이전하게 된다.

1969년 4월 9일에는 베트남 참전 반대와 학생군사교육단 (ROTC)의 폐지를 요구하며 대학행정실이 있는 '유니버시티 홀' 건물을 기습 점거한 후 400~500명의 학생들이 밤샘농성을 벌였는데, 이튿날 새벽 3시경 퓨지(Nathan M. Pusey) 총장의 요구로 경찰이 출동하여 05시부터 무자비한 진압이 시작되어 196명을 체포하는 등 20분 만에 강제 해산시켜 버렸다.

그러자 이 광경을 생생히 지켜보던 '하버드 야드' 내 신입생 기숙사 학생들이 들고 일어나면서 하버드 최초의 전교생 동맹휴학으로 이어졌고, 이를 기폭제로 전국적인 반전운동이 들불처럼 번지게 된다.

물론 퓨지 총장은 그 일을 계기로 "나의 시대는 끝났다."라며, 사사건건 자신과 맞서 반대의견을 제기했던 로스쿨의 젊은 교수 데릭 커티스 복(Derek Curtis Bok)을 후임 총장으로 지명하며 "네가 한 번 해봐라." 하고는 깨끗이 사임해 버린다.

출처: A Story of Harvard

물론 후임 데릭 복 총장도 반전시위에 계속 시달리다가, 급기야 1971년에는 가족들의 안전이 위험하다는 이유로 아예 총장 공관을 교내에서 교외로 멀리 이사하고 만다.

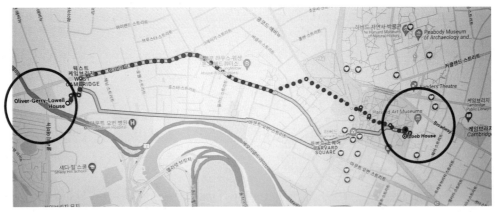

총장 공관은 지도의 동쪽 끝 'Loeb House'에서 서쪽 끝 'Oliver-Gerry-Lowell House'로 이사   출처: Wikipedia Map

8 _____ 기념교회당 (Memorial Church)
: 하버드 예배당 첨탑에 십자가가 없는 이유

Memorial Church

출처: depositphotos.com

하버드 야드 한복판에 있는 '메
모리얼 처치'(Memorial Church, 기
념교회, 또는 추모 예배당)는 예수
그리스도의 복음에 뿌리를 둔 초
교파 개신교의 예배당이면서, 하
버드 출신 중 제1, 2차 세계대전,
한국전쟁, 베트남 전쟁에 참전했
다가 전사한 동문들을 추모하는
기념관이 함께 있는 건물이다.

도리아식 기둥의 portico   출처: kojoty/ Depositphotos.com

하늘을 하얗게 찌르는 대학교회의 첨
탑은 아주 거룩하고 고상한 모습을 하
고 있어서 멀리 떨어진 하버드 강변에
서도 볼 수 있는 장관인데, 건너편 '와
이드너 도서관'(Widener Library)의 압도
적인 규모 때문에 교회 예배당과 균형
을 맞추기 위해 지금처럼 하늘 높이 우
뚝 솟은 첨탑으로 설계되었다고 한다.

사실 Memorial Church의 설계, 배치,
규모를 찬찬히 살펴보면, 맞은 편 와
이드너(Widener) 도서관 건축물이 워
낙 웅장하게 '하버드 야드'에 미치는
영향력 때문에 설계 용역을 수급받은
Memorial Church의 설계자가 얼마나
고심했을지 짐작할 수 있다. 마치 아
크로폴리스(Acropolis) 언덕 위의 엄청난

Memorial Church의 남쪽 모습   출처: pixabay.com

파르테논(Parthenon) 신전을 바라보며 건너편 바람 부는 아레오파고스(Areopagos) 바위언
덕 위에 조그맣게 서있었을 사도 바울의 심정처럼 말이다.

그래서 이 새로운 건물의 수석 설계자였던 Charles Coolidge는, Memorial Church의 자리가 '하버드 야드'에서 보았을 때 대학의 중심 중의 중심이기 때문에 기존 건물들과의 건축적 일관성을 갖게 하기 위하여 일단 '존스턴 게이트'와 같이 이 예배당 건물도 조지아 시대 건축양식으로 짓기로 하였다. 우선 교회당 정면의 거대한 도리아 양식의 포르티코 (portico, 기둥이 늘어선 현관)를 Widener 건물의 장엄한 돌기둥들에 맞추어 설계함으로써, 사람들이 캠퍼스 안뜰에 들어섰을 때 도서관과 교회당 사이에서 아무런 거부감도 없이 일관된 균형감을 느낄 수 있게 하였다.

그런 다음에, 교회당과 도서관 사이의 넓은 사각 안뜰의 규모를 가늠하며 교회당 현관의 높이와 위치를 무대(Stage)처럼 적절히 높여 돌계단을 넓게 설정함으로써, 이후 '하버드 야드'가 지붕 없는 야외 공연장(Tercentenary Theater)으로 변신할 수 있게 만들었다. 그 결과로써 '하버드 야드'에서 졸업식이 개최되는 날에는 당연히 총장과 VIP가 착석하는 주빈석과 졸업식 연단은 Memorial Church의 포르티코(portico) 차지가 될 수밖에 없었다.

그러나 옥에도 티가 있기 마련이라고, 십자가 대신 교회당 첨탑 끝에 올려 붙인 왕관과 햇불은 전혀 기독교적이지 않았고 오히려 이교도적으로 보일 수도 있어 뒷말들이 많았다고 한다.

즉, 하버드대학교에서 독립된 최초의 예배당 건물이 지어진 것은 1745년 3월에 문을 연 아담한 사이즈의 '홀든 채플'(Holden Chapel)이었지만, 1858년에 고딕 양식의 근사한 '애플턴 채플'(Appleton Chapel)을 지어 73년 동안 하버드에서의 신앙생활의 요람으로 사용하다가, 학교가 커지자 그마저 일요일 대예배를 위해서는 너무 작다며 하버드대의 명성에 걸맞게 규모가 좀 더 큰 예배당을 짓자는 이야기가 계속 있었다고 한다.

그렇지만 당시의 로웰(Abbot Lawrence Lowell) 총장(1909~1933 재직)은 "검토해 보자."는 말만 되풀이하며 방치하다가, 자신의 임기가 거의 끝나갈 무렵이 되어서야 엉뚱하게도 한참 지난 제1차 세계대전(1914.7.28~1918.11.11.) 때의 하버드 전몰장병 373명의 추모관이 필요하다며, 새로운 예배당을 마치 전쟁기념관처럼 짓도록 했다. 즉, 본당 양쪽의 트랜셉트(십자형 교회당의 좌우 날개 부분) 공간에 전사자 추모 기념실을 배치시킨 것은 그가 청교도 시대의 하버드와 달리 이제 하버드에는 예배실이 필요 없다고 생각했던 '자유주의자'였기 때문이었다. 그래서 Church라는 이름과 겉모양만 예배당처럼 꾸몄지 실질은 전사자 기념 추모관 건물을 지으면서 첨탑 꼭대기에 십자가 대신 햇불과 승리의 왕관(Crown)을 얹어놓는 만행을 저질렀던 것이다.

Memorial Church 첨탑에 십자가 대신 얹혀진 횃불과 승리의 왕관

출처: Harvard University

그 바람에 한동안 Memorial Church에서는 기독교 예배보다 모든 기숙사 하우스(House)와 학과들의 행사가 더 많이 열렸으며, 심지어 다른 종교의 행사까지 열리는 '강당' 역할을 했었다.

그러나 지금은 "MemChurch"라는 애칭으로 불리는 하버드 대학교회에서 매주 일요일(주일) 오전 11시에 하나님께 예배를 드리고 있으며, 예배시간 동안 어린이 주일학교도 열린다.

한편 하버드 캠퍼스 내 "MemChurch"의 예배당에서 결혼식을 거행하고 싶은 커플은 events@harvard.edu로 이메일을 보내 신청하면, 교회측으로부터 식전 연주, 신랑 입장, 신부 웨딩 마치, 식후 퇴장 때의 파이프오르간 연주까지 섬세하게 도움을 받을 수 있다고 한다.

뒷이야기 하나

기독교란 무슨 뜻인가?

기독교(基督敎)란, '그리스도'를 한자어로 '기리사독'(基利斯督)이라 번역했던 것을 줄여서 '기독'(基督)이라 한 것으로, 결국 '기독교'='그리스도교'='예수교'이며 세 가지가 다 같은 말이다.

예수를 '구원자'로 믿는 기독교(예수교, 그리스도교)에는 구교(舊敎)와 신교(新敎)가 있는데 구교에는 천주교(가톨릭교회, Catholic Church), 그리스 정교회(동방 정교회, Orthodox Church)가 있고, 신교(개신교, Protestant)에는 장로교, 감리교, 침례교, 성결교, 구세군, 순복음 등이 대표적 교파이다.

그리스도라는 명칭은 '기름 부음을 받아 선택된 구원자'라는 뜻으로, 히브리어로 쓰여진 구약성경의 메시아(the Messiah)를 신약성경에서 헬라어로 그리스도(the Christ)라고 번역하면서 일반화되었다(요한복음 1장 41절 참조).

뒷이야기 둘

성경은 어떤 책인가?

성경(Bible)은 기독교의 경전으로 히브리어로 기록된 '구약(舊約)성경' 39권, 헬라어로 기록된 '신약(新約)성경' 27권, 합계 66권으로 이루어져 있는 책이다. 이러한 성경은 약 1,600년 동안에 걸쳐 40여 명의 사람을 통해 기록되어졌다고 한다. '구약'이란 오래된 언약이라는 말로, 메시아가 올 것이라는 예언을 기록한 것이고, '신약'이란 새로운 언약이라는 말로, 세상에 온 메시아 예수 그리스도에 대하여 기록한 것이다.

한마디로 말해서, 성경은 인간으로 하여금 신이 의도하는 풍성한 삶을 살도록 설계해 놓은 인생 설계도, 인생 매뉴얼(How to live, How to use.)이라고 한다.

성경에 기록돼 있는 핵심 내용은, '하나님의 창조', '인간의 타락', '그리스도의 구원'이라는 세 가지 내용이다. 하나님이 누구이고, 구속사적으로 무슨 일을 하였는지, 지금 현재 무슨 일을 어떻게 하고 있는지, 사람이란 무엇이며, 어떻게 해야 생명을 누리고 행복한 삶을 살 수 있는지 등에 대하여 자세히 기록해 놓은 계시(啓示)라는 것이다.

기독교에서는 성경이 '하나님의 말씀'을 기록한 것인데, 성경의 기록자는 하나님의 사람들이지만 성경의 저자는 하나님이기 때문에, 하나님의 영(성령)이 조명하여 주지 않으면 독해가 안 되는 영적인 책이라고 한다. 즉, 글 속에 글이 있고, 말 속에 말이 있는 책인 셈이다. 그래서 성경은 모든 사람에게 주어진 '객관적 계시'이지만, 자기가 마음문을 열고 성경을 읽을 때 하나님의 영(성령)이 그 뜻을 조명해 주는 순간 현재의 자기 개인에게 하나님이 직접 말씀하시는 '주관적 계시'가 된다는 것이다.

성경에서는 사람을 '살아있으나 죽어있는 존재'라고 말한다.

즉, 사람이 원래는 '육체'와 '정신'으로만 이루어져있는 게 아니라 '영혼'까지 있는 '육체(몸)+정신(혼)+영혼(영)'의 존재인데, '육체'와 '정신'은 살아있으나, '영혼'은 죽어있는 존재라는 것이다.

그래서 '육체'와 '정신'과 '영혼'이 유기적으로 작용을 하지 못하고 균형이 깨지는 바람에, 고장난 육체와 정신만 가지고 불안과 공허감 속에서 불행하게 살다가 소망 없이 죽어간다는 것이다.

원래의 인간

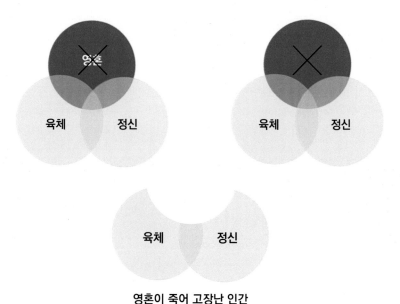

영혼이 죽어 고장난 인간

　영혼이 죽은 사람들의 육체와 정신은 제정신, 제육신이 아닌 고장난 상태이다 보니, '부패한 인간성'과 '무한한 욕망'으로 인한 고장운전으로 이웃 간, 부부 간, 부모자식 간은 물론 자기와 자기 사이 등 근접 거리에 있는 사람들과 접촉사고를 내며 물고 뜯는 만인의 만인에 대한 투쟁으로 지새운다. 게다가 내적으로는 삶에 대한 불안과 존재에 대한 허무와 목마름, 육신의 크고 작은 질병들에 시달리며, 영혼의 빈자리를 메꿔보려고 소유욕·과시욕·과소비 등 '물질'에 연연해 하거나, 이기심·지배욕·명예욕·애정 등 '인간'에 집착하거나, 종교·미신·무속·이단 등 '우상숭배'에 빠지게 된다는 것이다.

　이 영혼 없이 살아있음의 고통에서 구원받고 영혼이 살아날 수 있는 길을, 성경에서는 예수 믿고 성령을 받아들여 '영혼이 거듭나는 것'이라고 한다. 즉, 하나님을 인격적으로 만나 마음

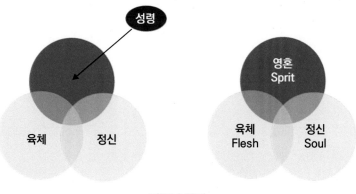

거듭난 인간

문을 열고 영접("하나님, 저에게 들어오세요."라고 초청)하여 받아들이면 하나님의 영인 '성령'이 물밀듯이 그에게로 들어가 충만하게 되면서 그의 영혼이 다시 태어난다는 것이다.

그렇게 거듭난 사람은 성령의 도우심으로 자유함과 평안함, 기쁨과 소망이 넘쳐난다. 그런 사람은 성령의 보호막 안에서 삶에 생기가 돌고 의욕이 넘쳐, 영혼(영)뿐만 아니라 육체(몸)와 정신(혼)도 사는 것처럼 살게 되며, 저세상에 가서 영원히 사는 '양적인 영생'만이 아니라, 이생에서 사는 동안에도 질적으로 순도가 높은 '질적인 영생'을 살게 된다는 것이다.

그래서 사람의 생각을 바꿀 수 있는 책은 많지만, 사람 자체를 바꿀 수 있는 책은 성경뿐이라는 것이다.

하버드대 졸업식(학위 수여식)

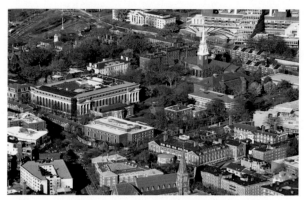

Widener Library와 Memorial Church 사이의 마당이 New Yard

출처: Wikipedia

1900년대, 현대 시기에 들어와서는 'Memorial Church' 앞 '300주년 기념광장'(1936년 하버드의 개교 300주년 기념식을 이곳 '뉴 야드' 마당에서 열었기 때문에 '300주년 기념광장'(Tercentenary Theater)이라고 이름 붙였다)에서 하버드대학교의 졸업식(학위수여식)이 열리고 있다.

졸업식은 봄학기가 끝나는 매년 5월 말, 6월 초경에 개최되는데, 졸업생과 학부모, 재학생, 교수, 동문, 초청인사, 방문객 등으로 발 디딜 틈이 없을 정도로 인파가 운집한다. 졸업시즌이 되면 하버드대를 중심으로 한 캐임브리지 시티 일대는 물론 보스턴 시내의 호텔들이 모두 동이 나고, 손님맞이를 위하여 하버드 캠퍼스 내 건물마다에 대형 휘장이 내걸리며, '뉴 야드'(New Yard)에는 25,000여 개의 의자들이 배열된다.

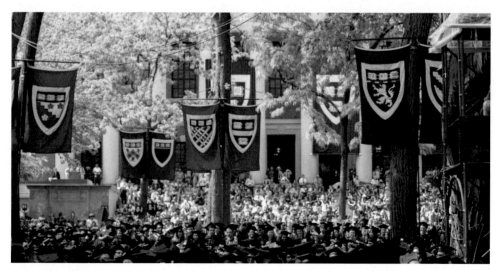

하버드 대학교 졸업식

출처: A Story Harvard

　가장 인상적인 것은 졸업생들이 가운을 입고 긴 졸업 동문의 행렬을 통과하는 장면인데, 졸업생들의 행진이 '와이드너 도서관' 앞을 지나갈 때쯤이면, 졸업생들 모두는 그동안의 외롭고 뜨거웠던 고군분투의 긴 시간의 마지막 지점에 와 있다는 대견함과 함께 이제는 정들었던 모교를 떠날 시간이 되었다는 애틋함으로 만감이 교차하게 된다.

　한편 역사상 하버드의 졸업식이 취소되었던 것은 1752년에 천연두가 만연하였을 때뿐이었다. 그런데 그로부터 270여 년이 지난 2020년 5월 28일과 그 다음 해의 하버드대 졸업식도 이 광장에서 치러지지 못했다. 코로나 바이러스의 전 지구적인 광풍으로 인하여 참석자들의 집단 감염을 예방하고자 비대면 온라인 화상 졸업식으로 진행되었기 때문이다.

　심지어 직전에 Lawrence S. Bacow 하버드대 총장 자신이 COVID19에 감염되어 자가 격리를 당하자, 학생들을 보호하기 위하여 기숙사와 식당, 도서관, 강의실을 포함한 하버드대 모든 시설이 즉각 전면적으로 폐쇄되는 바람에 학생들은 학기가 한창인 2020년 3월에 부랴부랴 고향으로 돌아가야만 하는 사상 초유의 비상사태가 벌어졌었다.

　그렇게 마지막 학기 후반부를 온라인 강의로 수강하고, 성적도 A, B, C학점이 아닌 Pass or Fail(=Satisfactory Emergency or UnSatisfactory Emergency)로 처리한 2020졸업 학년들은, 비록 Regalia(졸업가운)도 입어보지 못한 채 전 세계에 흩어져 온라인 화상 웨비나(Webinar=Web+Seminar, 양방향 다중매체 프리젠테이션)로 인터넷 졸업식을 거행해야 했지만, 최첨단 AI(인공지능), IT기술 덕분에 나름 행복하고 뿌듯한 마무리를 하면서 untact(비대면) 신 인류의 시조가 되었다.

9 _____ 와이드너 도서관 (Widener Library)
: 그녀의 사랑은 타이타닉의 죽음보다 강했다.

Widener Library
출처: Stephanie Mitchell/ Harvard University

세계에서 가장 큰 대학 도서관이자, 전 세계에서 미국 국회도서관 다음으로 규모가 큰 '와이드너 도서관'(Widener Library)은 1913~1915년에 건축된 웅대한 건축물이다. 건물 규모와 양식이 너무 거대해서 '하버드의 파르테논 신전' 또는 '하버드의 타이탄', '하버드의 코끼리'라고 불릴 정도이다.

'와이드너 도서관'은, 유럽여행을 다녀오다가 타이타닉(Titanic)호의 침몰(1912.4.15)로 27세에 사망한 하버드 졸업생(1907년 졸업) '해리 엘킨스 와이드너'(1885.1.3.~1912.4.15.)를 기리기 위하여, 타이타닉호에서 살아남은 그의 어머니가 아들의 모교인 하버드대에 당시로서는 어마어마한 금액인 350만 달러(현재 가치로 1,200억원 상당)라는 거액의 도서관 건립비를 기부하여, 3년여 공사를 거쳐 1915년 6월 24일 졸업식 행사에 맞춰 헌정한 도서관이다.

Widener Library   출처: depositphotos.com

희귀 장서 수집가였던 27세의 '해리 엘킨스 와이드너'(Harry Elkins Widener)는 아버지 George Dunton Widener와 어머니 Eleanor Elkins Widener와 함께 가족회사의 일로 프랑스 파리를 여행하고 돌아오는 길에 쉘부르 항구에서 1등실에 승선하게 되는데, 그가 런던까지 건너가서 애써 수집한 베이컨의 '수상록'(제2판)을 객실에 두고 왔기 때문에 그 책을 가지러 내려갔다가 다시 돌아오지 못하고 사망하고 말았다고 한다.

그러고 보면, 만31세에 사망한 '존 하버드'(John Harvard)나 만27세에 사망한 '해리 엘킨스 와이드너'(Harry Elkins Widener)나 두 사람 모두 하버드대에 남기고 간 족적은 그들의 짧은 생애에 비하여 너무나 길고 큰 것이 아닐 수 없다. 그들로 인한 사랑의 헌신은 한순간의 죽음보다 훨씬 더 강하고 길게 살아남았기 때문이다.

도서관 건물은 밖에서는 5층으로 보이지만 내부에 들어가면 4층이고, 서고 공간은 지하까지 포함하여 10층으로 되어 있다.

기둥 위 엔타블러처(Entablature, 기둥 위에 건너지른 수평 보)에는 'THE HARRY ELKINS WIDENER MEMORIAL LIBRARY, AD MCMXIV'(해리 엘킨스 와이드너 기념 도서관, 서기 1914년)이라고 새겨져 있다.

어마어마한 입구 기둥들을 지나면, 뜻밖에도 건물에 비하여 그냥 작다고 할 수밖에 없는 세 개의 출입구가 나오는데, 그나마 좌우 양쪽 문은 폐쇄되어 있고, 오직 상단에 VERITAS 하버드 방패 문양의 돌을새김 조각이 얹혀져 있는 중앙 출입구만 개방되어 있다.

그만큼 '와이드너 도서관'은 출입자를 엄격하게 통제하고 있다. 하버드대학생증을 겸하는 출입카드(ID CARD)가 없이는 들어갈 수가 없으나, ID카드 소지자의 경우에는 동반자를 3명까지 데리고 들어갈 수 있다. 그러나 도서관에 들어갔다 나갈 때는 누구라도 예외 없이 가방을 열어 보여야 한다.

ID카드를 대고 일단 도서관 내부에 들어서면, 매끈한 우윳빛 대리석 계단을 오르며 우아하고 세련된 인테리어를 볼 수 있다.

중앙 출입구　　　　　출처: depositphotos.com

계단 위 첫머리에 '해리 엘킨스 와이드너 기념 홀'이 있는데, 이곳에는 이 젊디젊은 하버드 동문의 대형 초상화와 함께 희귀 장서 수집가였던 그의 서재(3,500권의 도서)가 그대로 옮겨져 있고, 입구의 유리 보관함에는 그가 소장했던 세계적 희귀본인 '구텐베르크 성경

'해리 엘킨스 와이드너 기념홀'로 들어가는 입구

하버드 학생시절 Widener Library에서의 필자   Widner Library의 로비에 있는 원형 돔 천장

사본'과 '셰익스피어 초판본 2절지'가 전시되어 있다.

계단을 돌아 원형 돔 천장이 있는 로비를 지나 안으로 들어가면 만나게 되는 주 열람실은, 층고가 높은 아치형 천장 아래에 아득하게 멀고 훤칠한 공간이 펼쳐진다.

열람실 Loker Reading Room의 이쪽 끝과 저쪽 끝에 이오니아식 대형 기둥이 네 개씩 솟아있고, 고급한 대리석 벽면 위쪽으로는 연한 파란색으로 칠해진 아치형 천장 벽면의

'와이드너 도서관' 내부 Loker Reading Room   출처: coreyohara/ Depositphotos.com

중간 중간에 유리 천장을 장치하여 자연채광이 가능하도록 하였으며, 그 아래 열람실 공간에는 가지런하게 끝없이 펼쳐진 책상마다에 개인 스탠드가 설치되어 있고 가죽 시트에 팔걸이가 있는 1인용 의자가 갖춰져 있다.

하버드 학부생들과 석박사 대학원생들은 누구라도 이 '와이드너 도서관'의 열람실을 사랑하게 되며, 하버드 재학 동안 수백 권의 책과 씨름하면서 과제와 연구논문을 쓰고 지성이 영글어 간다. 그들이 신입생 시절 처음 대했던 와이드너 서가(書架)의 냄새는 평생토록 잊지 못하며, 그곳의 수많은 책들이 내뿜는 지적 분위기에 취해 학문과 사랑에 빠지지 않을 수 없다고 한다. 말하자면 공부의 바다에 빠지고 마는 것이다.

하버드대의 최대의 장점은 공부할 수 있는 여건이 최고로 잘 갖춰져 있다는 사실이다. 도서관의 사서들은 말한다. "학생들과 연구자가 원하는 책이라면 지구 끝까지라도 찾아가 가져다 줍니다. 필요한 책이 24시간 안에 대학 내 도서관에 없다면, 우리는 48시간 안에 보스턴시 외곽에 있는 별도의 대규모 서고(1942년에 건립한, 35분 거리에 있는 뉴잉글랜드 보존 서고) NDHL에서 책을 가져옵니다. 만약 하버드에 없는 책이라면 72시간 안에 어디서든 구해다 줍니다." 그래서 어느 교수는 "이런 도서관이 존재하는 한 하버드대학은 계속될 것이다."라고 도서관 찬가를 말한 적이 있다.

열람실이 아닌 서고(書庫, Stacks)로 가려면, '와이드너 도서관' 건물의 입구 로비를 지나, 왼편 안쪽에 있는 '도서대출 및 반납 데스크'의 오른쪽에 있는 통로의 맞은편 출입문으로 들어가 ID카드를 찍으면 된다. 출입문이 있는 층을 기준으로 하여 서고는 위로 6층, 아래로 4층, 모두 10개층으로 이루어져 있다.

'ㄷ'자 형태로 된 엄청난 규모의 와이드너 서고에는, 사람 손이 닿을 만한 높이의 서가가 일정한 간격으로 끝도 없이 늘어서 있고(총 연장 92km), 약 500만 권의 책들이 진열되어 있다.

그리고 서고의 지하 2층에는 '와이드너 도서관' 옆에 있는 '호튼 도서관'(Houghton Library, 희귀본, 필사본 자료 도서관) 쪽으로 건너갈 수 있는 기다란 지하통로가 있는데, 그 통로를 따라 가면 지하 3층 규모의 다른 서고가 나온다. 하버드의 보물창고라고 불리는 '호튼 도서관'에는 셰익스피어의 1608년 4절판, 구텐베르크가 출판한 첫 활자책인 15세기 성경의 진귀한 견본 등 다양한 세계적 보물들과 존 하버드가 남기고 간 책, 존 밀턴의 '실낙원' 사본, 나다니엘 호손이 출판사에 보냈던 '일곱 박공의 집'의 원고, 에밀리 디킨슨 사후에 발견된 그녀의 미공개 원고들, 그 밖에도 다양한 희귀본 원고들이 소장되어 있다.

철학관 Emerson Hall   출처: Shutterstock.com

역사학관 Robinson Hall(우측 건물)   출처: Shutterstock.com

뒷이야기 하나

와이드너 가문의 엄청난 재력은 어디서 왔는가?

'해리 엘킨스 와이드너'(Harry Elkins Widener, 1885.1.3.~1912.4.15.)는 펜실베이니아 주 필라델피아에서 아버지 George Dunton Widener와 어머니 Eleanor Elkins Widener의 아들이자, 재벌 기업가 Peter AB Widener의 손자로 태어났다.

Widener 일가　　　　　　　　출처: Wikipedia

'해리 와이드너'의 아버지 '조지 와이드너'(George Dunton Widener, 1861.6.16.~1912.4.15.)는 부친 '피터 와이드너'(Peter AB Widener)를 도와 케이블 전차 및 전기 전차 회사인 '필라델피아 트랙션 컴퍼니'(Philadelphia Traction Company)를 경영하였으며, Land Title Bank and Trust Co., Electric Storage Battery Co. 및 Portland Cement Co. 등의 이사, 이사장으로도 일했다.

어머니 '엘리너 와이드너'(Eleanor Elkins Widener, 1861.9.21.~1937.7.13.)는 필라델피아의 전차 사업 거물인 '윌리엄 엘킨스'(William L. Elkins)의 딸이었다. 1883년 22세에 그녀가 아버지의 비즈니스 파트너인 Peter Widener의 장남인 동갑내기 George Dunton Widener와 결혼하자 '미모까지 갖춘 재

'와이드너 도서관' 내부에 자리한 '와이드너 기념홀'

벌 딸이 필라델피아에서 가장 큰 재산 2개를 하나로 묶었다.'는 기사가 떴을 정도였다.

책을 좋아하여 열렬한 장서 수집가였던 '해리 엘킨스 와이드너'는 1907년 하버드대학교를 졸업했는데, 와이드너 가문이 운영하던 필라델피아의 '리츠칼튼 호텔'에 새로운 요리사를 고르기 위하여 프랑스 파리에 출장가는 부모를 따라나서, 런던까지 건너가 9권의 희귀본 장서를 수집한다. 그후 마침 첫 출항으로 떠들썩한 초호화 여객선을 타고 귀국하게 되는데, 1912년 4월 15일 밤 대서양에서 침몰한 타이타닉호로부터 그의 어머니와 하녀는 구조되었지만 그의 아버지와 그는 사망하고 만다.

애통해 하던 그의 어머니는 350만 달러(현재 가치로 1,300억 원 상당)의 거금을 들인 'Harry Elkins Widener Memorial Library'를 아들의 모교인 하버드에 기증했고, '해리 와이드너'가 다녔던 중고교인 Hill School에도 30만 달러의 과학 건물 두 동을 기념물로 건축하였으며, 펜실베이니아 Elkins Park에 있는 교회(St. Paul's Episcopal Church)의 스테인드 글라스 창문을 아들과 남편을 기리기 위하여 헌정하였다.

그렇다면 이 막강한 와이드너 가문의 돈은 어디서 왔는가?

그것은 순전히 자수성가한 '해리 와이드너'의 할아버지인 '피터 와이드너'(Peter Arrell Browne Widener, 1834. 11.13.~1915.11.6.)가 일군 재산이었다.

Peter Widener는 미국 역사상 50대 부호 목록에서 29위를 차지할 정도로 큰 부자였다. 물려받은 부자가 아니라 당대에 자수성가한 매우 부지런하고 영리한 사업가였다.

출처: Wikipedia

원래 평범한 필라델피아 정육점의 아들이었던 Peter Widener는 아버지의 푸줏간 일을 돕던 중, 남북전쟁(1861~1865)이 발발하자 남군, 북군 양 진영을 찾아 다니며 계약을 시도한 끝에 경쟁자들을 물리치고 양쪽 모두에게 고기를 납품하는 수완을 발휘하여 4년 전쟁 동안 큰 돈을 벌어들인다.

이때 전쟁터 군부대 이곳 저곳으로 약속에 늦지 않게 군납 식품을 실어 나르느라고 동분서주하던 그는, 운송수단의 중요성에 눈을 뜨고, 막 시작된 말이 끄는 궤도형 도시 옴니버스 노선에 5만 달러를 투자한다.

그러다가 시운이 맞아떨어져 말이 아니라 전기와 케이블에 의하여 움직이는 전차가 처음 생겨났을 때 재빨리 기회를 잡고, 1883년에 '필라델피아 트랙션 컴퍼니'를 창립하여 도시의 트롤리 노선에 대중교통용 전차를 제작·운영하게 된다.

시대의 흐름을 타고 필라델피아 전차 사업에서 큰 성공을 거둔 그는, 이어서 윌리엄 엘킨스(William L. Elkins, 나중에 사돈을 맺음)와 동업으로 시카고의 노면 전차 사업에도 투자하며, 미 전역으로 전차 사업을 확장해 나간다.

Widener 할아버지의 저택 Lynnewood Hall   출처: Wikipedia

   그리고는 대중교통 사업에서 축적한 막강한 재력을 기반으로 'US Steel'과 'American Tobacco Company'를 창업하고, 'Standard Oil'의 주식을 매집하여 대주주가 된다.

   엄청난 재력을 갖게 된 그는 말년에는 기업을 장남인 George Widener에게 맡기고, 미술품 수집에 재주가 있던 차남인 Joseph Widener와 함께 그림 수집에 열을 올려 12개 이상의 렘브란트(Rembrandt)의 그림과 에두아르 마네(Edouard Manet), 오귀스트 르누아르(Auguste Renoir) 등의 작품이 포함된 컬렉션을 일군다.

   1900년에는, 필라델피아의 건축가 Horace Trumbauer에게 의뢰하여 펜실베이니아 엘킨스 파크에 방이 110개나 되는 조지안 왕조 스타일의 대 저택 Lynnewood Hall 을 짓고 입주한다.

   그는 더 이상 바랄 게 없는 듯 보였다. 그러나 1912년 4월 15일 타이타닉의 침몰로 장남과 장손을 한꺼번에 잃자 큰 충격을 받고 쓰러진 Peter AB Widener는 3년여 투병생활을 하다가, 1915년 6월 24일 하버드대에서 'Harry Elkins Widener Memorial Library'가 개관됐다는 소식을 들은 몇 달 뒤인 1915년 11월 6일 대 저택 Lynnewood Hall에서 쓸쓸히 숨을 거둔다.

뒷이야기 둘

타이타닉에서 살아남은 엘리너 여사의 14세 연하남과의 재혼

Alexander Hamilton Rice Jr.

출처: Wikipedia

엘리너 와이드너(Eleanor Elkins Widener, 1862~1937) 여사는 아들 이름이 붙을 '와이드너 도서관'이 지어지는 것을 감독하느라 하버드에서 살다시피 하다가 하버드 캠퍼스에서 14세 연하의 한 남자를 만난다.

이 남자의 할아버지는 전 보스턴 시장, 매사추세츠 주지사 및 연방 하원의원을 지낸 사람이었고 그 자신은 하버드대(1898)와 하버드 의대(1904)를 졸업한 사람으로, 의사로서보다는 탐험가로서 살기를 원한 지리학자 겸 지질학자였던 Alexander Hamilton Rice Jr.(1875.8.29.~1956.7.21.)였다.

그는 프로 탐험가로서의 전반부 경력을 쌓은 후에는, 1929년~1952년 하버드대에서 지리학 교수로 재직하였으며, '하버드 지리 탐사 연구소'의 창립자이자 이사를 역임하였다. 그는 특히 남미 아마존 분지에 대한 탐험으로 유명한 사람이었다. 1915년 10월에 54세였던 Eleanor 여사는 타이타닉 탈출 때 들고 나온 750,000 달러짜리 진주목걸이를 목에 걸고 (250,000달러짜리 다른 목걸이는 경황 중에 잃어버렸다 함) 40세의 A.H. Rice와 재혼하였다. 그날 신문에 대문짝만하게 실린 헤드 라인은 "Explorer Weds Titanic Widow"였다. 아직까지 타이타닉의 트라우마를 기억하고 있던 사람들로서는 '그녀의 사랑은 타이타닉의 죽음보다 강한 것인가'라며 그녀의 화려한 재혼 소식에 못내 착잡했던 것 같다. 그러거나 말거나 젊은 남편과 새로운 삶을 시작한 '엘리너 와이드너 Rice' 여사는 남편을 따라 탐험가로 변신을 하게 되는데, 역사상 백인 여성 최초로 남미 대륙의 아마존을 탐험한 사람으로 기록된다.

엘리너 부인이 특별 주문제작한 대형요트

출처: Wikipedia

Alexander Hamilton Rice Jr.　　출처: Wikipedia

1920년 5월, 59세인 그녀는 아마존 탐사를 위하여 특별 주문 제작한 대형 요트를 타고 Rice와 함께 미국을 출발하여 카리브해를 지나 미지의 아마존 강을 깊숙이 거슬러 올라간다.

탐험여행은 때로 순조롭지 않았다. 일부 과격한 원주민 인디언들에 의한 급습에 대응하는 과정에서 식인종 둘이 죽어 나가기도 했다.

그러나 그녀는 타이타닉에서도 살아나온 강심장의 여성이었다. 이 이색적인 백인 여성의 등장은 아마존 원주민들 사이에서 큰 반향을 불러 일으켰다. 그녀는 구슬, 장신구 등을 선물하며 아마존 부족의 여자들과 친구가 되었다. 그 후에도 그녀는 몇 번 더 정글로 모험을 떠났다고 한다.

그래도 세월은 가고, 세월 따라 사람도 흐른다. 1937년 7월, 76세였던 'Widener Rice' 여사는 파리의 한 매장에서 쇼핑을 하던 중 사망했다고 한다. 그녀가 남긴 유산은 대략 1,100만 달러 상당이었는데, 그중 남편 Rice를 상당히 배려하고 떠났기 때문에 1937년 8월 17일자 New York Times에는 "Dr. Alexander H. Rice Gets Wife's Millions."라는 기사가 떴다.

A.H. Rice는 1915년 엘리너 여사와 결혼한 이후, 재력이 막강한 부인의 적극적인 후원에 힘입어 남아메리카로 여러 차례 탐험을 갈 수 있었다.

흥미로운 것은, 그가 탐험 중 식인종에게 잡아 먹혔다거나 거대한 뱀에게 희생당했다는 거짓뉴스가 항상 그를 기다리고 있었다. 그가 귀국하면 "아직도 살아 있대?"라며 수군거리는 소리가 뒤따라 다녔다. 타이타닉의 참상을 기억하는 사람들은 타이타닉의 재벌 미망인과 결혼한 그가 탐험으로 소일하는 것이 그냥 얄미웠는지도 모른다.

그러나 그는 프로였다. 1929년~1952년 하버드대의 지리학 교수로 재직하면서, 지리학 저널(Geographical Journal)에 그간의 다양한 탐험에 대한 보고서를 발표하였다. 또한 그의 많은 기록 동영상 필림과 사진을 RGS 기록보관소에 기증하였고, 모교에 강의실, 지금의 옌칭도서관 등 연구실을 짓는 데 25,000파운드 상당의 기부금도 증여하였다. 또한 그는 브라질 인디언 병원을 설립하고, 열대성 질병을 연구하기도 했었다.

그 외에도 Rice교수는, Peabody 고고학 및 민족학 박물관의 남미 섹션 큐레이터, 하버드 의과대학의 남미 열대질병 강사, 미국 자연사 박물관의 관리위원 등을 역임하였다.

1952년에 77세가 된 라이스는 은퇴하여, 와이드너 라이스 부인이 물려주고 간 저택에서 혼자 지내다가, 1956년에 81세로 사망하였다.

뒷이야기 셋

타이타닉호에서의 부부애가 남긴 하버드 기숙사

 타이타닉 침몰과 연관된 건물이 또 하나 있다. 바로 1학년 기숙사 '스트라우스 홀'(Straus Hall)이다. 타이타닉 침몰 당시의 아우성과 총체적 난국 속에서도 자발적으로 배에 남기로 한 영웅적인 사람들도 있었는데, 뉴욕 맨하탄에서 유명한 메이시 백화점을 소유한 '스트라우스'(Isidor & Ida Straus) 부부도 그중 하나였다. "노인이므로 구명보트에 타도 된다."는 권유에 남편인 67세 '이시돌 스트라우스'(Isidor Straus)가 "다같이 어려울 때 특권을 누리고 싶지 않다. 다른 남자들의 대피가 허락되기 전까지는 타지 않는 것이 노블레스 오블리주이다."라며 구명보

Isidor & Ida Straus(좌), Titanic 영화 속의 장면(우) 출처: 나무위키

트 승선을 거절하자, 아내인 64세 '아이다 스트라우스'(Ida Straus)도 "여태 함께 살았는데, 이제 와서 헤어질 수 없다." 며 구명보트 승선을 사양한 다음, 하녀 엘렌에게 자신의 모피 코트를 선물하며 자기 대신 구명보트에 태운 뒤 타이타닉에 남아 남편과 운명을 같이했다.

 Titanic의 생존자들이 뉴욕시에 도착했을 때, 많은 사람들이 뉴욕 맨하튼의 메이시스(Macy's) 백화점의 소유주 스트라우스 부인이 남편과 함께 한 헌신적인 사랑에 대해 기자들에게 전하자, 매스컴은 일제히 부인의 용기와 애정을 찬양하였고, 부인의 이야기를 전해들은 전 세계 사람들은 22세 때 26세의 남편과 결혼한 이래 41년간 살아오면서 끝까지 사랑하다가 죽음도 가르지 못한 부인의 충실함에 두고두고 감동하였다.

 시신이 인양된 '이시돌 스트라우스'는 카네기 홀에서 장례가 치러진 후 스트라우스의 가족묘지에 화장하여 납골 안치되었으나, '아이다 스트라우스' 부인은 시신을 찾지 못하는 바람에 침몰 현장에서 바다물을 항아리에 담아왔을 뿐 부인을 위한 유골함 자리는 아직까지 비어 있다고 한다.

 그 대신, 가족묘지 앞 비석에는 성경 아가서(the Song of Solomon) 8장 7절의 "Many waters cannot quench love—neither can the floods drown it."(많은 물도 사랑을 끄지 못하겠고, 홍수라도 삼키지 못하나니)라는 말씀이 새

생전의 Isidor Straus
출처: Wikipedia

스트라우스 부부의 명패와 당시의 뉴욕 Macy's 백화점 　　　　　　　　　　　　　　　출처: Wikipedia

겨져 있고, 뉴욕 맨해튼에 있는 메이시스(Macy's) 백화점의 현관 로비에도 부부의 아름다웠던 삶과 고귀했던 죽음을 기리는 명패가 붙어있다.

그리고 나중에 프랑스 주재 미국 대사를 역임하는 장남 Jesse Isidor Straus를 비롯하여 자녀 모두가 하버드 출신이었던 이들 부부의 세 아들들은 자신들을 잘 양육해준 부모의 애절한 사랑을 기리기 위하여 거액을 기부하여 하버드대에 '스트라우스 홀'(Straus Hall)이라는 아름다운 기숙사를 기증하였다.

Straus Hall 　　　　　　　　　　　　　　　　　　　　　　　　출처: Wikipedia

하버드 도서관 서고에서의 밀회

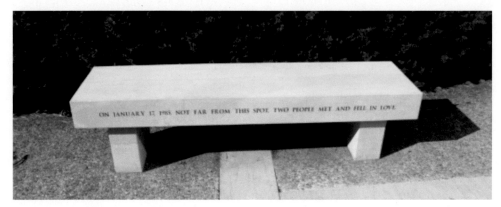

"이 근처에서 만나 우리는 사랑에 빠졌다."라고 새겨진 하버드 구내 Couple Bench

남녀가 유별하니 칠 세가 넘으면 부동석이라는 인식이 하버드에도 있었다니, 전설적인 이야기 같지만 실제로 남녀공학 이전 시절에 남성들만이 지배했던 지적 성소였던 '와이드너 도서관'에는 1949년 전까지 어린 학부 여학생들의 출입은 전면 금지되었다. 그나마 출입이 허용됐던 여자 대학원생들도 지금의 엘리베이터가 있는 자리에 있던 '래드클리프 독서실'이라는 이름의 작은 공간만을 사용하되, 장시간 앉아 있는 것은 허용되지 않았다. 게다가 학생은 물론 직원들까지 모든 여성은 저녁 6시까지는 이 경건한 건물을 떠나야 했었다. 학문의 정기를 흐리게 하거나 풍기문란을 예방한다는 명목이었지만, 지금 생각해 보면 실소를 금치 못할 규칙이 아닐 수 없다. 아무리 막으려 해도 어쨌든 젊은이들의 밀어는 꽃이 피고 열매를 맺곤 해왔기 때문이다.

하버드 '와이드너 도서관'의 서가는, 깊고 긴 서가의 빽빽한 도서에 파묻혀서 사색과 연구에 몰두하는 고독한 연구자로서의 삶이 담겨있는가 하면, 때로 캠퍼스 커플의 밀회 장소가 되기도 한다는 풍문이 있다.

실제로 어느 캠퍼스 커플은 "울창한 숲 속 같은 도서관의 서가는 우리의 생각과 마음을 하나로 모을 수 있는 아늑한 공간이었다. 우리는 거기에서 함께 공부를 하기도 했고, 포옹을 나누기도 했다."라고 자백한 바가 있다.

Widener Library

출처: Library of Congress

　면적이 엄청나게 넓은 서고는 전력낭비를 막기 위하여 사람이 접근하면 전등이 켜졌다가 3분 후에는 자동으로 꺼지도록 설계돼 있어서, 서가와 서가 사이는 대낮에도 깊은 숲속에 들어앉은 것처럼 어둡기 때문이다. 다만, 지나친 행동을 자제시키기 위해 주기적으로 도서관 직원과 청원경찰이 도서관을 순찰하고 있다.

10 _____ 라몬트 도서관 (Lamont Library)
: 24시간 불이 꺼지지 않는 밤샘 도서관

Lamont Library 입구   출처: Wikipedia

'라몬트 도서관'(Lamont Library)은 미국 최초의 독립된 학부생 전용 도서관이다. 발랄하고 어린 학부생들이 보다 편하게 들락거리며 밤새워 공부할 수 있도록 하기 위하여 다양한 독서공간과 그룹별 스터디 룸, 풍성한 자료실, 컴퓨터실 등 공부 공간은 물론, 카페, 안락한 휴게공간 등 여러 편의시설과 참고자료들이 아주 잘 제공되고 있다.

규모가 세계 최고인 '와이드너 도서관'의 바로 옆 동남쪽에 이렇게 학부생들만의 도서관을 따로 만들어 준 데에는, 중앙도서관 출입의 번잡성과 인구밀도를 낮춰 심도 있고 묵직한 연구논문을 쓰는 교수진과 대학원생들이 '와이드너 도서관'의 세분화된 연구자료에 깊이 몰두할 수 있게 구분하려는 의도도 있었다.

그러다 보니 24시간 학부생들로 북적이는 '라몬트 도서관'은 하버드생들의 사교생활을 위하여 중요한 장소이기도 하다. 하버드생들의 기숙사 생활 외에도 많은 만남이 이 '라몬트 도서관'에서 이루어지는데, 도서관 카페에서는 웃고 떠들며 묻고 답하는 토론이 끊이지 않으며, 필요에 따라서는 대·중·소의 크고 작은 그룹별 스터디 룸에서 여럿이 어울려 함께 공부할 수도 있다.

Lamont Library 열람실

'라몬트 도서관'의 열람실에는 접근하기 편한 완전 개방형 서가에 20여만 권의 도서가 비치되어 있고, 공개된 넓은 책상들 외에 혼자만의 칸막이 책상들이 구석 구석에 놓여있다.

라몬트 도서관은 하버드에서 24시간 개방하는 유일한 도서관이기 때문에 새벽녘이면 도서관의 소파에 쓰러져 자고 있는 학생들을 수두룩하게 볼 수 있다.

천하의 하버드생들조차 이겨내지 못하는 천근만근 눈꺼풀의 무게

하버드대에서 대부분의 학생들은 캠퍼스 안팎 기숙사에 살고 있기 때문에, 아침부터 밤 늦게까지 끊임없이 학교의 물리적 공간에 둘러싸여 지낸다. 강의실에서의 수업이 끝나도 서둘러 식사를 하고는 도서관에 가서 계속 공부를 하지 않으면 진도와 수시 테스트를 따라잡을 수 없다. 하버드 학생이 되는 순간, 방과 후 밖에 나가서 무장해제를 하고 마음 편

늦은 밤의 Lamont Library 풍경

히 쉰다는 개념은 접어야 한다.

하버드대의 성적 평가 방법과 시험제도는 아주 엄격해서, 중간시험과 기말시험 기간마다 기숙사 어딘가에서 들려오는 심야의 통곡 소리가 결코 낯선 일이 아니기 때문에, 하버드 학교 당국에서는 자살예방을 위한 심리상담실까지 운영하고 있다. 그래서 특히 시험기간 중에는 긴장하고 있는 학생들을 위하여 '라몬트 도서관'에서는 마사지, 요가, 커피 시음 등 다양한 서비스를 무료로 제공하고 있다. 이 '라몬트 도서관'은 가난한 집안 출신으로 언론계를 거쳐 세계적인 금융인으로 성공한 하버드대 동문(1892년 졸업) Thomas William Lamont Jr.(1870~1948)가 기부한 거액의 자금으로 지어졌다.

2차 세계대전(1939~1945)이 끝난 후인 1947년에 지어진 '라몬트 도서관'의 3층짜리 네모 반듯한 건축 디자인은, 비록 전 시대 하버드 건축물들의 붉은 벽돌과 흰 테두리를 이어받기는 했지만, 그래도 이제까지와는 확연히 다른 현대적인 모습이기 때문에, 귀족적인 조지아 왕조 스타일에서 모더니즘이 가미된 국제적인 양식으로 하버드 내 건축 양식이 변화했음을 보여준다.

그런데 건물은 외관보다는 건물 안에서 누리는 공간 미학이 더 중요할 수 있다. '라몬트 도서관'의 내부는 많은 유리와 블론드 색의 목재를 사용하여 훨씬 더 밝고 고급스러운 현대적인 느낌이 든다. 이러한 파격은 자수성가한 기부자의 '기울어진 운동장'에서의 경주를 시정하고자 했던 취지에 의한 것이었음은 물론, 평범한 가정에서 자라난 화학자였던 코넌트 당시 총장(1933~1953, 20년 동안 재직)의 '신분 차별 없이 좋은 환경에서 평등하고 과학적인 교육을 할 수 있도록 해야 한다'는 신념의 반영이기도 하였다.

'라몬트 도서관'의 남쪽에는 '더들리 가든'(Dudley Garden)이라는 이름의 조용하고 아늑한 비밀의 공간이 있다. 1999년에 라몬트 도서관 15주년을 기념하면서 조성된 '더들리 정원'에는 두 개의 긴 C자형 석재 벤치가 있고, 그 중앙에 해시계가 있다. 숨어 있는 공간이라 길을 모르면 출입이 쉽지 않은 '더들리 정원'은, Wigglesworth Hall의 한쪽 끝과 닫힌 'Pusey 도서관' 입구 사이에 있는 작은 문을 통해 들어갈 수 있으며, 4월부터 10월까지만 이용이 가능하다.

한편 개관 25년 후에 '라몬트 도서관' 앞에는 20세기의 가장 뛰어난 조각가인 헨리 무어의 '거대한 네 조각의 비스듬하게 기대고 있는 조각상'이 설치되었다. 조각상의 완만하게 둥근 형태와 청동색의 녹청의 조합은 유형과 무형 간의 긴장 관계를 이루며, 보는 사람으로 하여금 네 개의 조각상들 사이의 빈 공간을 스스로 채워 보도록 독려하는 추상적 예술성을 품고 있다고 한다.

또한 2021년 1월에는 Lamont Library의 바로 옆에 최신식 디자인의 Solomon Gate가 문을 열었다. 도서관 앞의 대문답게 Gate의 기둥은 첩첩이 쌓아 놓은 두꺼운 서적들이 형상화되어 있다.

사랑하면 알게 되고, 알게 되면 더 사랑하게 되는 곳 — 하버디언의 애환이 서린 '라몬트 도서관'이야말로 하버드의 명소 중의 명소가 아니겠는가.

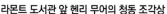

라몬트 도서관 앞 헨리 무어의 청동 조각상 　　출처: Harvard University　**Solomon Gate**

뒷이야기 하나

다양한 개성을 자랑하는 하버드대의 작은 도서관들

하버드대에는 중앙도서관인 '와이드너 도서관'을 포함하여 캠퍼스 곳곳에 포진해 있는 28 개의 도서관에서 700명이 넘는 도서관 직원들이 근무하고 있다. 그 외에도 각 기숙사마다 자체 도서관이 따로 마련돼 있다.

그 많은 도서관에 학생들이 항상 가득 차 있다는 사실은 하버드생들이 얼마나 공부를 많이 하며, 하버드대가 얼마나 많은 학습량을 요구하는지를 간접적으로 보여준다고 할 것이다.

위에서도 설명했지만, '와이드너 도서관'은 주로 교수들이나 학위논문을 작성하는 근엄한 대학원생들 차지이고, 학부생들은 24시간 밤새워 공부할 수 있는 '라몬트 도서관'을 주로 이용한다.

필자의 하버드 도서관 여권

또한 하버드대의 각 전공별 대학원이나 연구소가 소유하고 있는 자체 도서관들은 각기 자기만의 독자적인 정책을 가지고 있다. 각 도서관장들은, 행정적으로는 대학 도서관장의 지시에 따르거나 협조하기도 하지만, 재정적으로는 독립되어 있기 때문에 각자 자체적으로 예산 확보를 위한 노력을 기울인다.

일례로 하버드 내 규모 3위인 '옌칭 도서관'의 경우만 해도, 중국·한국·일본 담당 사서들이 각기 자기 분야의 도서 구입 및 운영비를 확충하기 위하여 해당 국가의 정부나 교육기관들과 밀접하게 접촉하고 있다. '옌칭 도서관' 내 한국관의 경우, 북한 관계 자료가 한국 국내의 어느 대학 도서관이나 연구기관보다도 더 충실하게 잘 갖추어져 있다고 한다.

하버드는 학생들이 교내에 자리한 다양한 도서관들을 방문해 보도록 장려하기 위해, "도서관 여권"을 만들어 배포한다. 학생들이 각 도서관에 방문하여 도서관 고유의 스티커를 수집할 수 있고, 모두 수집한 학생들에게 추첨을 통해 정기적으로 상품을 준다.

필자도 하버드 도서관 여권을 소지하고 모든 도서관의 스티커를 열심히 수집하였으나, 당첨되지 않아 경품을 타지는 못하였다.

하버드 경영대학원 도서관 Baker Library의 외관(좌), 내부 열람실(우)

하버드 행정대학원(좌), Kennedy School Library(우)

출처: Harvard Library

11 _____ 세버 홀 (Sever Hall)
: 고깔모자와 붉은 빛깔 갑옷을 입은 강의동 건물

세버 홀(Sever Hall)   출처: Wikipedia

　'세버 홀'(Sever Hall)은, 먼저 간 남편 세버(James Warren Sever, 1797.7.~1871.1., 1817년 하버드 졸업 동문)를 기리기 위해 앤 세버(Anne Sever) 부인이 기부한 거액의 건축자금으로, 1878년~1880년에 걸쳐 약 130만 개의 붉은 벽돌을 사용하여 리처드슨 로마네스크(Richardsonian Romanesque) 스타일로 지어졌다.

　'세버 홀'은 처마 선까지 3층 건물에 지붕 밑으로 1개층이 더해진 4층짜리 건물로서, 기부자의 뜻에 따라 크고 작은 강의실, 세미나실, 강당, 교수 연구실 등이 있는 본격적인 학술 건물(academic building)로 설계 디자인되었다. 그래서 'Sever Hall'에는 작은 세미나 형태의 교실과 중대형 강의실이 다양하게 섞여 있기 때문에 하버드생들의 강의는 물론, 인문학 강좌, 기초 어학 강좌, Harvard Extension School의 수업이 열리고 있다.

　'Sever Hall'은 온통 붉은색 일색의 사각형 벽돌을 사용하여 지어진 고전적인 분위기의

1970년에 National Historic Landmark로 지정된 'Sever Hall'   출처: Wikipedia

동화 속 그림처럼 아름다운 건물이다. 강렬한 컬러와 웅장한 규모가 주는 안정감이 있는
가 하면, 벽돌로 구운 정교한 조각 예술을 특징으로 건물의 전후좌우에 고깔모자를 씌운
원통형 돌출부위를 장치함으로써 지루하지 않고 재치 있는 멋스러움을 느끼게 한다.

정면 출입구 아치 위에는 벽돌로 구운 직사각형의 호화로운 장식판이 2층과 3층의 유리
창문 아래를 받치고 있는데, 독특한 색조로 잘라 사각 틀로 찍어낸 잎사귀 문양의 이 벽돌
공예 조각 작품은 창조적 아이디어 면에서 타의 추종을 불허하는 뜻밖의 작품이라고 한
다. 그로 인해 전 세계 건축학도들의 연구 대상으로 빠지지 않고 거론된다고 한다.

건물 정면 출입구의 오목한 반원형 아치형 통로는, 반대편 출입구의 간단 명료한 직사
각형 통로와 구별되며, 북쪽과 남쪽의 외관은 사각형 창문으로만 이뤄져 서쪽의 외관에
비하여 비교적 근엄한 표정이다. 심지어 지붕 위의 굴뚝조차 섬세한 배려를 아끼지 않은
자상함에 이르러서는 보는 이로 하여금 흐뭇한 미소를 머금게 한다.

하얀색의 '유니버시티 홀'(University Hall)이 1816년 '올드 야드'(Old Yard)를 조성하기 위
한 건물이었다면, 붉은색의 '세버 홀'(Sever Hall)은 1878년 '뉴 야드'(New Yard)를 개발하기
위한 건물이었다. 자연스럽게 University Hall과 Sever Hall 사이에 있는 커다란 사각형의

중앙 안뜰이 'New Yard'가 되었다. (1800년대에 이 두 건물이 지어지고 나서, 한참 뒤인 1900년대에 들어와 1915년에 '와이드너 도서관', 1931년에 '메모리얼 처치'가 건축되었다)

'University Hall'과 'Sever Hall' 이 두 건물은, 하버드의 위대한 두 동문 건축가에 의하여 만들어진 수준 높고 창의적인 작품이었고, 이 두 건물의 설계자인 Charles Bulfinch와 Henry Hobson Richardson은 두고두고 하버드대의 자부심 그 이상이었다.

그러나 이렇게 유명한 이들도 한때는 아무도 알지 못하는 무명 인사였다. 그렇다고 언제까지나 무명 인사인 것은 아니다. 늘 그렇듯이 그가 실력과 성실함, 그리고 좋은 인간관계로 준비가 되기만 하면 마침내 기회가 찾아오는 법이기 때문이다.

'미국 국회의사당'과 '유니버시티 홀'의 건축가 Bulfinch(1763~1844)가 신참이었을 때 하버드대 학생 시절의 동문 네트워크를 통해 중요한 기회를 얻었듯이, 보스턴의 'Trinity Church'와 'Sever Hall'의 건축가 Richardson도 하버드 시절의 좋은 교우관계를 통하여 건

축설계를 수주 받았다고 한다. 무명이었지만 리처드슨의 재능과 성실한 인간성을 잘 알고있던 친구가 바로 'Sever Hall'의 건축가를 선정할 재량권을 갖고 있던 하버드의 재무담당자 Ned Hooper였기 때문이었다.

'Sever Hall'은 'University Hall'과 마찬가지로 건물의 앞뒷면 양쪽에 넓은 마당을 갖고 있기 때문에 출입구도 건물의 앞뒷면 양쪽에 나있다. 그런데 재치있게도, 후면 출입구는 전면 출입구와 같은 아치형이 아니고, 건물 맨 위의 페디먼트도 출입구 문 위로 조그맣게 내려앉는 대신 지붕 밑 방의 유리창들이 일렬로 나열되게끔 살짝 비틀어 디자인되어 있다. 그러나 '세버 홀'의 장엄한 위엄만큼은 앞뒷면 모두 여전하다.

Sever Hall의 뒷면   출처: Wikimedia

뒷이야기 하나

Sever Archway에서 속삭이는 사랑의 밀어

하버드에서 놓치지 말고 꼭 경험해야 할 부분이 '세버 홀'의 전면 입구 아치인데, 하버드에서는 유일하게 낮고 이국적인 시리아 양식의 건축 아치이다.

이곳에는 오목하게 파인 반원형 아치 입구(semi-circular archway)가 두 개의 둥근 구획을 이루며 대칭으로 설정되어 있다.

Sever Archway   출처: Wikipedia

그런데 이 아치형 통로에는 음향적 기이함(acoustical oddity)이 숨겨져 있다. 두 사람이 7개의 돌계단을 올라가 안쪽 반원형 아치 기둥의 양쪽에 나눠 선 다음, 한 사람이 아치의 오목하게 파인 곳에 바짝 대고 귓속말하 듯 작은 소리로 속삭이면 약 3.7m 떨어진 다른 쪽 사람이 그 말을 명확하게 고스란히 다 들을 수 있다.

믿기지 않으면 직접 한 번 실행해 보라. 연인끼리 밀어를 속삭이거나, 평소 멋쩍은 부부라도 속에 있는 사랑을 고백하기에 딱 좋은 비밀의 아치 통로(archway)이다.

심지어 어떠한 부부 갈등이든지, 어떠한 부모자식 간 애증이든지 이 아치웨이에 와서 속마음을 털어놓기만 하면 눈 녹듯이 회복되는 기적을 체험할 수 있을 것이다.

하버드에서 자기들끼리만의 영원한 추억 만들기 드라마를 위하여 꼭 경험해 보기 바란다.

사랑의 추억 만들기 속삭임

12 _____ 대학원 학생회관, 리먼 홀 (Lehman Hall)
: 웅장하고도 든든한 하버드의 수문장

Lehman Hall   출처: depositphotos.com

방문객들이 하버드에 도착하여 'Harvard Square' 광장에 서서 제일 먼저 마주치게 되는 것이 하버드의 수문장, '리먼 홀'(Lehman Hall)이다. '하버드 야드' 남서쪽 요충지에 있는 Lehman Hall은 인문과학대학원(GSAS)의 석·박사 과정 대학원생들의 전용 공간인 '대학원 학생회관'이다.

2019년 7월부터 인문과학대학원(GSAS)의 석·박사 과정 대학원생들만의 전용 공간인 '대학원 학생센터'로 바뀌면서 '리먼 홀'(Lehman Hall)이라는 이름이 붙여졌다. 이 '대학원 학생센터'는, 고난도의 학위 프로그램 연구로 고립되기 쉬운 석사 및 박사 과정 대학원생들이, 자연스러운 만남과 대화가 가능한 자체 커

'Lehman Hall'

출처: erix2005/ Depositphotos.com

Lehman Hall 입구   출처: Wikipedia

뮤니티를 구축하여 황금 같은 하버드에서의 시간이 외로움에 의해 손상되지 않도록 대학원생들만의 전용 건물을 배정해 달라고 추진한 결과, 성공적으로 'Lehman Hall'에 대한 소유권을 갖게 되면서 탄생되었다.

'리먼 홀'(Lehman Hall) 1층에는 연회장 겸 레스토랑 'GSAS Commons'가 있는데, 점심 시간에는 레스토랑으로, 저녁 식사 시간에는 대학원생 전용 식당으로 운영되고 있다. 해마다 하버드 한인학생회가 주관하는 '만남의 밤' 행사도 이 '리먼 홀' 1층 대연회장에서 성대히 개최되고 있다.

'리먼 홀'이 지정학적으로 '하버드 스퀘어'에서 바라볼 때 하버드를 맨 먼저 대표하는 건물일 뿐만 아니라, 하버드 외부에서 하버드로 출입하는 길목의 '수문장' 같은 역할을 하므로 그럴듯한 모습을 보여주기로 작정하다 보니 1924년에 신축할 때 건물 조형이 다소 거창하게 된 것 같다는 평도 있다.

실제로 이 '리먼 홀' 건물의 양옆으로는 하버드의 Gate 중에서 가장 붐비는 게이트 두 개가 열려 있다. 그래서 '리먼 홀' 앞에 있는 'Harvard Square' 광장은, 두 개의 'Lehman Hall' 게이트에서 '하버드 야드'로 드나드는 지름길을 따라 세모꼴의 광장 모습을 하고 있다.

1875년 졸업생 게이트   출처: Library of Congress

　밖에서 '리먼 홀'을 바라볼 때, 좌측에 있는 '스트라우스 홀'(StraussHall) 쪽에 있는 게이트
는 1900년에 축조된 '1875년 동기생 게이트'로, 문밖 바로 앞에 있는 지하철 역과 연결되
기 때문에 통행인이 많은 게이트이다.

　'Lehman Hall'의 우측에는, 같은 무렵 축조된 '1857년 동기생 게이트'(통상 '스퀘어 게이트'
또는 '워즈워스 게이트'라고도 한다)라고 불리는 게이트가 있다.

　이 게이트는 하버드 교정과 하버드 광장 사이를 연결하는 주된 통로 역할을 한다.

뒷이야기 하나

적과의 동침이 낳은 하버드광장 출입문, Square Gate

'리먼 홀' 옆에 있는 출입문 '스퀘어 게이트', 우측 노란 건물은 '영빈관'(Wardworth House)

 'Square Gate'(1857년 졸업동문 게이트)는 인문과학대학원(GSAS)의 석·박사 학생들의 전용 공간인 '대학원 학생회관'인 Lehman Hall의 바로 옆에서 학문의 전당인 하버드 야드(Harvard Yard)와 관광 및 상업 지역인 하버드 광장(Harvard Square) 사이를 밀접하게 연결하는 역할을 하고 있다.

 점심시간마다 학생, 교수, 교직원들이 이 게이트의 3개의 아치를 통과하여 맞은편에 있는 하버드 스퀘어, 매사추세츠 애비뉴 쪽으로 쏟아져 나가며, 점심시간이 끝나면 반대 방향으로 사람들이 밀려 들어오는 모습을 볼 수 있다. 그래서 사람들은 이 문을 'Square Gate'라고 부른다.

 게이트 양측의 출입구 위에 있는 반원형의 석판에는 "굳건한 우정으로 뭉치는 사람들은 행복할 것이나, 끔찍한 전쟁으로 사랑을 해치는 사람들은 죽음보다 더 비참할 것이다."라는 호라티우스(Horace)의 서정시가 라틴어로 새겨져 있다.

 이 석판의 글귀가 더욱 가슴에 와닿는 이유는, 학창시절에는 절친했던 동문들이었음에도 불구하고 미국이 남북전쟁으로 찢어지자 서로 맞서 싸울 수밖에 없었던 상황에서도 1857년 졸

Square Gate

업생들은 출신을 가리지 않고 하버드를 기념하기 위한 동문 게이트에 5,500달러(오늘날 16만 달러 상당)를 모아 함께 기부하였기 때문이다.

    1857년에 졸업한 80명의 학생들 중 70명이 북부 출신이었고 10명은 남부 지역 출신이었다. 이는 당시 하버드생들의 출신지역에 관한 전형적인 비율이었다고 한다.

    이때의 단합된 우정을 계기로 남북전쟁이 끝난 몇 년 뒤, 1857년 졸업생들은 다시 모금을 하여 1874년에 개관한 빅토리아 고딕양식의 Memorial Hall의 스테인드글라스 작품을 만드는 데에도 약 2,000달러를 기부하였다. 그 스테인드글라스에는 남북전쟁을 함축적으로 그려내면서도 하버드 출신 전몰 학도병들과 참전용사들을 추모하는 내용이 담겨있다.

뒷이야기 둘

하버드대학교 일반대학원 GSAS의 명성

GSAS 상징 방패 문장

하버드 인문과학 대학원(Harvard Graduate School of Arts and Sciences)을 줄여서 GSAS라 하는데, 소속 학과들을 고려하여 보다 정확하게 번역하자면 '인문사회과학 대학원'이라고 하는 것이 좋으며, 특히 조심해야 할 점은 Arts를 예술로 번역해서는 안 될 것이다.

GSAS는 하버드대학교의 12개 대학원 중 가장 큰 일반 대학원이다. 1872년에 설립된 이 대학원은 약 58개 전공 분야별로 인문학 석사(MA), 과학 석사(MS), 철학박사(Ph.D) 학위를 수여하는 세계 최고 수준의 대학원이다.

GSAS 대학원에는 약 4,500여 명의 대학원생이 공부하고 있는데, 일단 시작했다 하면 대부분이 박사학위까지 취득하는 것으로 알려져 있다. 20% 정도는 인문학 학위를, 26% 정도는 사회과학 부문 학위를, 54% 정도는 자연과학 분야의 학위를 취득한다.

놀랍게도 하버드 GSAS 대학원의 모든 박사과정 학생들은 5년간 학비, 생활비, 건강비를 전액 지원받는다. 석사과정 학생들은 전액 장학금을 주지는 않지만 우수한 자원에게는 종종 50% 상당의 지원이 주어진다. 특히 한국 대학 출신자의 경우, 옌칭장학금을 신청하여 선택을 받으면 대학원 석사 과정 전액 장학금은 물론 생활비까지 지원받을 수 있는 길도 있다.

이렇게 장학제도가 탄탄하다 보니 하버드 GSAS 대학원에는 해외유학생이 30%나 되고, 여학생 비율도 45% 상당으로 기숙사 등 주거에 대한 배려도 상당하다.

남북을 아우르는 '하버드 캠퍼스' 중심부 모습   출처: Shutterstock.com

그림순 적별동 1학년 기숙사에 둘러싸인 '하버드 야드' 전경

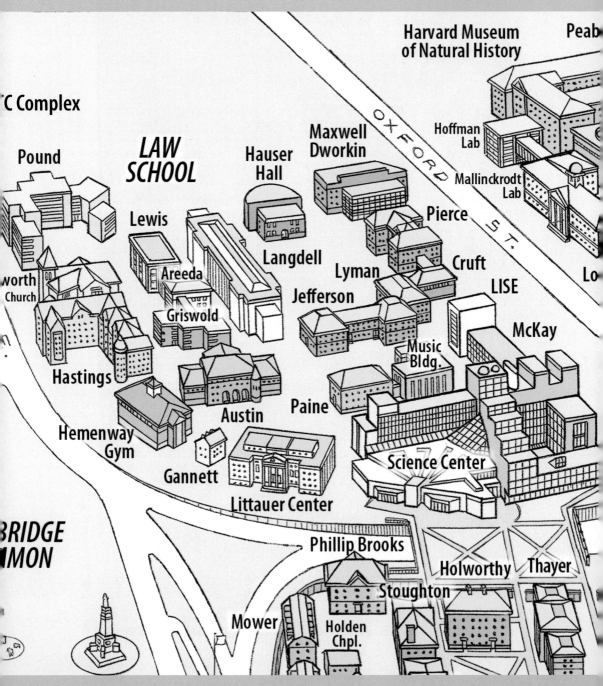

North Yard

Harvard Museum of Natural History

Peab

C Complex

Pound

LAW SCHOOL

Hauser Hall

Maxwell Dworkin

OXFORD ST.

Hoffman Lab

Mallinckrodt Lab

Lewis

Pierce

worth Church

Areeda

Langdell

Lyman

Cruft

LISE

Lo

Griswold

Jefferson

McKay

Hastings

Music Bldg.

Austin

Paine

Hemenway Gym

Gannett

Science Center

Littauer Center

BRIDGE
MON

Phillip Brooks

Holworthy

Thayer

Stoughton

Mower

Holden Chpl.

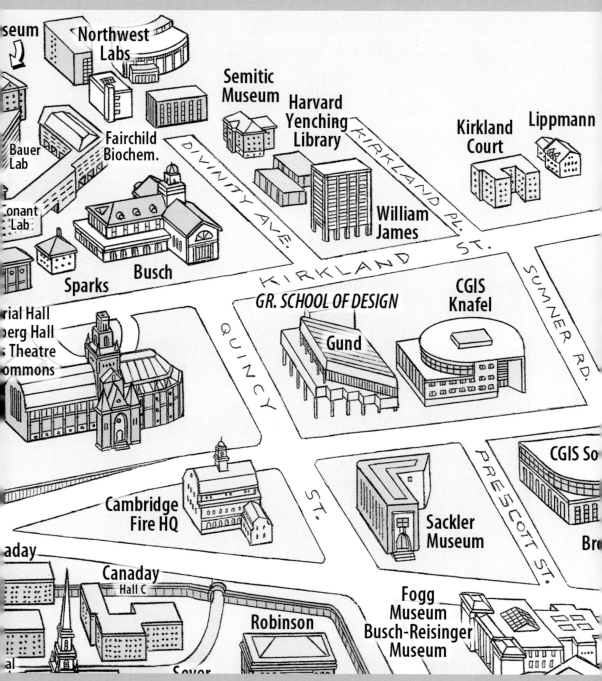

1_____ 메모리얼 홀 (Memorial Hall)
: 빅토리안 고딕 양식의 색동옷을 입은 하버드의 랜드마크

메모리얼 홀(Memorial Hall, 기념관 또는 남북전쟁 전몰자 추모관)은 1878년에 세워진 하버드의 위대한 랜드마크로서 하버드대의 정신적 지주라고 할 수 있다. 만인 평등과 인권을 존중했던 하버드가 거의 종교적 열정으로 전념했던 노예해방의 이념에 따라 남북전쟁(Civil War, 1861.4.~1865.5.)에서 목숨을 바쳐 희생한 하버드 동문 전사자들을 기리기 위하여 총동창회가 나서서 기금을 모아 기념관(Memorial Hall)을 지으면서 하버드의 헌신을 상징적으로 나타낸 것이 이 'Memorial Hall'이기 때문이다.

50명의 동문으로 구성된 기념관건축위원회는 1865~1868년 사이에 하버드 동문들로부터 370,000달러라는 당시로서는 거금을 모금하는 데 성공하였는데, 거기에 1802년 졸업동문인 Charles Sanders가 대강당을 설립하라며 따로이 40,000달러를 통크게 기부해 왔다.

Memorial Hall   출처: pixabay.com

우측 앱스(apse, 반원형 부분)의 'Sanders Theatre' 쪽을 바라본 Memorial Hall의 모습

좌측 'Annenberg Hall' 쪽을 바라본 Memorial Hall의 모습　　　　　　출처: depositphotos.com

　　1865년 12월 건축위원회가 기념관 설계 공모를 하여 선발한 William Robert Ware(1852년 졸업동문)와 Henry Van Brunt(1854년 졸업동문)의 설계에 따라 1870년 10월에 초석이 놓인 'Memorial Hall'은 1874년에 Annenberg Hall과 Transept가, 1875년에 Sanders Theater가, 1877년에 Tower가 완공되어 1878년 최종적으로 웅장한 빅토리안 고딕 양식의 건물이 하버드 대학 당국에 헌정되었다.

　　멀리서 봐도 한눈에 타워의 압도적인 화려함과 건물 전체의 웅장함이 느껴지는 이 위대한 건축 작품은, 미국 전역에 있는 뛰어난 건축물들 가운데에서도 워싱턴DC의 '링컨 기념관'에 필적할 만한 유일한 라이벌로 자리매김 되었다.

　　하버드를 방문하여 'Memorial Hall'을 바라보는 사람들은, 첨탑에 비친 햇살이 은은하게 부서지는 가운데 웅장하게 치솟은 건물의 볼륨감, 섬세하면서도 다이내믹한 실루엣, 색동처럼 여러 색깔의 파스텔 톤 줄무늬로 치장된 지붕들, 드높은 사각 타워, 아름다운 아치형의 출입구와 줄지어 서있는 돌기둥 회랑, 수많은 Stained-glass 작품들로 대표되는 붉은벽돌 건물의 위용을 마주하고, 그 건축적 열정에 입이 딱 벌어지지 않을 수 없다. 사실

'Memorial Hall'을 뒤덮은 벽돌이 너무 많다는 생각이 들 수는 있지만, 그렇다고 딱히 흠잡을 데도 없는 걸작품임에 틀림없다.

고딕양식의 거대한 대성당 형태로 지어진 '메모리얼 홀'은 겉에서 보면 하나의 건물이면서도 안에서 보면 아래 설계도면에서 보는 바와 같이 ① 전몰장병 추모관 'Memorial Transept', ② 대강당 'Sanders Theatre', ③ 연회장 'Annenberg Hall' 등 각기 다른 용도의 세 부분으로 이뤄져 있다.

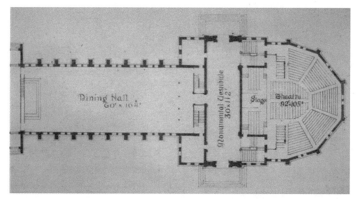

Annenberg Hall(좌), Memorial Transept(중), Sanders Theatre(우) 출처: Wikipedia

① '전몰 장병 추모관'
Memorial Transept

먼저, 건물의 트랜셉트(십자형 교회의 좌우 날개 부분)의 교차로 중앙 부위가 '전몰 장병 추모관'으로, 이 건물 설립의 핵심이라고 할 수 있다.

미국이 하나의 통일국가를 유지하느냐, 두 개의 분단국가로 쪼개지느냐를 놓고 4년간(1861.4.12.~1865.4.9.) 벌어졌던 북부(연방·Union, 23개 주)와 남부(연합·Confederacy, 11개 주) 사이에 벌어졌던 피비린내 나는 내전(內戰·Civil War)이었던 남북전쟁. 바로 그 남북전쟁에

'Memorial Transept'의 정면 입구 출처: depositphots.com

전몰 장병의 명패

참전했다가 전사한 하버드 동문들의 인적사항과 전사한 일시, 장소, 계급이 새겨진 기념패가 벽면에 가득 붙어있는 중앙 홀에 들어서면 경건한 분위기에 사람들은 저도 모르게 숙연해질 수밖에 없다.

240m²(약 80평)의 면적에 높이가 18m인 추모관 공간은 바닥은 대리석이고, 대형 유리창에는 Stained-glass, 양쪽 벽면에는 검은 호두나무 판넬에 136명의 하버드 전몰 장병(북군)의 이름이 새겨진 하얀 대리석판 28개로 가득 차 있다.

② '대강당' Sanders Theatre

샌더스 대강당의 명패   출처: Studiobarcelona/ Depositphotos.com

건물의 중앙 홀(Memorial Transept)의 오른쪽 앱스(apse, 보통 교회 동쪽 끝에 있는 반원형 부분)에는 '샌더스 대강당'(Sanders Theatre)이 의기양양하게 자리잡고 있다. 이 대강당 겸 공연장은 보스턴 지역의 최초의 공연장 중 하나로 음향시설이 매우 뛰어난 것으로 소문나 있다.

1,600명을 수용할 수 있는 'Sanders Theatre'는 무대와 밀접한 180도 디자인을 통하여 객석이 무대에 매우 근접해 있는 것이 특징인데, 음악 공연뿐만 아니라 초청강연이나 대형 강의를 위해서도 유용하게 사용되고 있다.

'Sanders Theatre'가 있는 반원형 apse의 모습 출처: depositphotos.com **Sanders Theatre** 출처: Wikipedia

'Sanders Theatre'의 무대의 좌, 우에는 두 명의 인물 조각상이 서있는데, 좌측 인물은 하버드 출신 변호사이자 미국의 독립운동을 이끈 애국자 James Otis(1725~1783)로서, 그의 유명한 catchphrase가 바로 "Taxation without Representation is tyranny"(대표 없는 과세는 폭정이다)였다.

우측 인물은, 하버드 출신으로 미국 하원의원, 보스턴 시장과 하버드대 총장(1829~1845)을 지낸 Josiah Quincy이다. 2대 Boston 시장으로 5년간(1823~1828) 재임하며 오늘날까지 보스턴 최고의 관광명소인 Quincy Market을 일궜다. 정치인 출신의 추진력 있는 하버드 총장으로서 그는 임기 동안 Dane Hall(법학관), Gore Hall(도서관), 하버드 천문대 등을 지어 헌정하는 업적을 남겼다.

또한 실제로 이 곳에서 연설과 강연을 했던 역사적인 인물들은, 대통령 시어도어 루즈벨트, 대통령 존 F. 케네디, 대통령 버락 오바마, 영국 수상 윈스턴 처칠, 냉전종식 및 노벨평화상 수상자인 소련의 마지막 지도자 미하일 고르바초프, 지휘자 레너드 번스타인, 인권운동가 마틴 루터 킹 Jr., 작곡가 아놀드 쇤베르크, 시인 에드워드 E. 커밍스, 종교인 달라이라마 등이다.

인기 교수의 대형 강의로는, '경제학 입문', '컴퓨터공학 입문' 등의 강의는 물론, 마이클 샌델(Michael J. Sandel) 교수의 '정의란 무엇인가?'(What is the Justice?)라는 강의에 학생들이 몰려 이 '메모리얼 홀'의 대형 강의실 '샌더스 씨어터'에서 수업을 진행하고 있다.

한편 실내 졸업식이 '메모리얼 홀'의 'Sanders Theatre'에서 거행되다가, 하버드의 규모가 어마어마해진 1900년대 초 이래 현재는 실내가 아닌 '메모리얼 처치'와 '와이드너 도서관' 사이에 있는 넓은 'New Yard' 광장(Tercentenary Theater)에서 야외 졸업식으로 거행되고 있다.

그 대신 신입생 오리엔테이션은 여전히 이곳 'Sanders Theatre'에서 해마다 열리고 있다.

③ '대 연회장' Annenberg Hall

건물의 중앙 홀(Memorial Transept)의 좌측 편이 하버드에서도 가장 인상적인 대 연회장(Great Hall) '애넌버그 홀'(Annenberg Hall)이다. 하버드 동문들은 기왕 'Memorial Hall'을 짓는 김에 이 건물 안에 멋진 대형 연회장을 갖춘 동창회관을 마련하자는 데에 의견이 일치하였다. 그리하여 9,000평방피트(약 2,700평)의 공간에 거대한 목재빔 트러스, 호두나무 판넬, 스텐실 천장을 가진 동창회관(Alumni Hall)을 조성하고, 그 안에 존경받는 동문, 교수, 총장, 기부자 등의 초상화, 흉상, 그리고 아름다운 스테인드 글라스와 샹들리에의 방대한 컬렉션을 장치하였다.

그런데 그렇게 1874년에 헌정됐던 'Alumni Hall'은 120년이 지나면서 낡고 허름해져 대수선이 필요하던 차에 1996년, 전 주영 대사 출신 외교관이자 기업인이었던 Walter Annenberg와 Annenberg Foundation이 수백만 달러의 지원을 하여 대대적인 리노베이션이 가능해졌다. Walter Annenberg의 아들 Roger Annenberg가 하버드 재학중인 1962년에 사망했기 때문에 아끼던 아들을 가슴에 묻은 아버지가 아들의 모교에 거액을 기부했던 것이다. 그래서 그때부터 '동창회관'(Alumni Hall)이었던 이름도 'Annenberg Hall'로 변경되었다.

Annenberg Hall은 세계에서 가장 큰 형태로 존재하는 중세시대 런던의 웨스트민스터 홀

'Annenberg Hall'로 들어가는 외부 출입구
출처: depositphotos.com

동쪽에서 서쪽 출입구를 바라본 'Annenberg Hall' 내부

(Westminster Hall)과 비교했을 때도 결코 기죽지 않는 대단한 규모이다.

오늘날에는 (해리포터가 호그와트 마법학교에서 식사하던 학생식당처럼) 하버드대학교 1학년 신입생들의 전용 식당으로 사용되고 있으며, 간혹 대학의 큰 행사가 있을 경우에 행사장으로 사용되기도 한다.

한편 'Memorial Hall'은 훌륭한 Stained-glass 박물관이라고 해도 과언이 아닐 정도로 미국의 대표적인 Stained-glass 작가들인 John LaFarge(1835~1910)와 Louis Comfort Tiffany(1848~1933), Sarah Wyman Whitman(1842-1904), Donald McDonald 등에 의하여 제작된 작품들로 가득 차 있다.

'Annenberg Hall' 양쪽 벽면에 도열해 있는 유리창 그림들 중 약 절반은 남북전쟁과 관련된 주제이고, 나머지 유리창 그림들은 문학과 문화 및 역사적 주제들을 나타내는 그림들이다.

학교법인 Harvard Corporation이 작가들에게 요구했던 지침은, 각 유리창에는 하나 이상의 인물 그림이 있어야 하며, 아래쪽에 비문 또는 상징 문양이 들어가야 한다는 것이었다.

식사 중인 Annenberg Hall

또한 'Annenberg Hall'의 Stained-glass 아래쪽 벽면에는 인물 흉상 조각품들과 초상화들이 걸려있다. 남북전쟁을 승리로 이끌어 연방을 보존하고 노예제를 끝낸 미국의 제16대 대통령 에이브러햄 링컨(Abraham Lincoln, 1809.2.12.~1865.4.15.)의 초상화가 북쪽 벽면에서 가장 눈에 띈다. 다음으로는 하버드 출신 인권변호사 Charles Sumner(1811~1874)의 초상화로서, 그는 남북전쟁의 도화선이 된 노예해방 국회연설 후 노예제 유지파 의원으로부터 폭행치상을 입은 미국 상원의원이었다.

뒷이야기 하나

전원 흑인 지원병들만으로 조직된 용맹한 북군 부대의 하버디언 지휘관

Robert Gould Shaw 대령   출처: Wikipedia

'Annenberg Hall'의 남쪽 벽면에 걸려있는 14개의 초상화 중 12개는 남북전쟁 참전용사의 것인데, 그중에서 단연 인기 있는 초상화는 하버드 1859년도 동문으로 북군 최초의 흑인 부대를 맡아 지휘했던 Robert Gould Shaw 대령의 초상화이다.

미국 최초의 흑인 부대인 '제54 매사추세츠 보병연대' 대령 로버트 굴드 쇼(Robert Gould Shaw, 1837~1863) 연대장은, 북군 최초로 전원 흑인 지원병들만으로 조직된 부대를 맡아, 오합지졸이었던 부대원들과 생사고락을 함께하며 질서있게 통솔하고 훈련시켜 눈부신 전과를 올리고 부하들과 함께 장렬히 전사한 전설적인 인물이다.

제54보병연대는 백인 장교 37명과 흑인 부사관 및 병사 1,007명으로 구성되었는데, 부대원들 가운데에는 자유 흑인들과 도망 노예들은 물론 전후 흑인들의 떳떳한 명예와 지분 확보 차원에서 참전을 독려한 저명한 흑인 민권운동가인 프레데릭 더글러스의 아들도 있었다.

당초, 흑인들을 총검으로 무장시켜 집단화하는 것에 많은 우려가 있었기 때문에 흑인 병사는 실전에 참여시키지 않고 민간인 복장인 채 점령지에서 약탈과 방화 등 뒤치닥거리나 하게 되어 있었지만, "내 부하들도 군인이다."라는 쇼 대령의 탄원으로 흑인들에게도 총과 검, 군복과 군화가 보급되었고, 흑인군인도 백인군인과 동등한 급여를 받을 수 있었으며, 전투에 참가해서는 눈부신 전과를 올려 놀라게 하였다.

기세가 오른 제54보병연대는 난공불락이었던 해안가 남군의 와그너 요새(Fort Wagner) 전투에 투입된다. 그러나 노출된 모래밭을 지나 용감하게 공격해 들어갔음에도 지리적 열세로 병력의 40%가 손실되고, 진두지휘하던 쇼 대령마저 1863.7.18. 적탄을 맞고 전사하여 흑인 병사들과 함께 구덩이에 묻히고 만다. 당시에는 고급 장교가 전사하는 경우 시신 인도에 관하여 상호간 협의를 하는 것이 관례였는데 쇼 대령은 흑인부대를 지휘했다는 이유로 남군이 시신 인도를 거부했기 때문이었다.

Boston Common에 있는 기념비, 가운데 지휘도를 잡고 말 탄 이가 Shaw 연대장

출처: Wikimedia

　그렇지만 그의 살신성인과 Fort Wagner 전투에서의 흑인병사들의 용맹성이 입에서 입으로 전해지면서 전국에서 18만 명이나 되는 흑인들이 대거 북군에 자원 입대하는 바람에 북군 승리에 결정적인 기여를 하였다고 한다.

　전설이 된 그와 흑인부대의 무공은 1989년 Glory(한국에서는 '영광의 깃발')라는 영화로도 제작되어 상영되었다.

뒷이야기 둘

용접기 불꽃에 무너져 내린 '메모리얼 홀' 시계탑

건물 뒤편의 북동쪽에서 바라본 'Memorial Hall'의 모습, 좌측이 'Sanders Theatre', 중앙 출입구 쪽이 'Memorial Transept'와 4면 시계가 부착된 Tower, 우측이 'Annenberg Hall'   출처: Wikipedia

'Memorial Hall'의 건축가 Ware와 Van Bunt는 1877년 1차 준공 직후 다시 손을 좀 더 보아 1878년에 높이 치솟은 Tower를 만들었다. 그런데 거기에 1872년 졸업 동문들이 졸업 25주년 기념으로 화려한 시계탑을 설치할 수 있도록 자금을 제공함으로 1897년에 Tower의 4면에 시계가 부가되었다.

그러다가 1956년 어느 날, 시계탑 Tower를 보수하던 중 용접기의 불꽃이 튀어 건물에 옮겨 붙는 바람에 타워의 상단 부분이 완전히 소실되고 마는 아찔한 사고가 발생하였다.

그렇게 첨탑이 부서진 상태에서 40여 년이 지난 1996년에 Katherine B. Loker 등 몇몇 뜻있는 동문들의 기부에 의하여 Tower는 처음 지어진 원래의 1878년 모습대로(시계 없이) 2000년 5월 14일 복원되었다고 한다. '금상첨화(錦上添花, 좋은 일에 또 좋은 일이 더해지는 것)'가 지나치면 '호사다마(好事多魔, 좋은 일에는 탈도 많이 생긴다)'라는 것을 깨닫고 짐짓 겸손해진 시계탑 화재 사건이 아닐 수 없다.

1956년의 화재로 시계탑 부분이 완전히 파괴된 상태의 'Memorial Hall'   출처: Wikipedia

2 _____ 건축 디자인대학원, 건드 홀 (George Gund Hall)
: 하버드에서 Design School이란 건축 및 조경 '설계' 대학원을 말한다.

Graduate School of
Design의 상징 방패 문양

하버드 건축대학원 건물의 야경, 좌측 끝은 'Memorial Hall' Tower

Graduate School of Design   출처: Wikipedia

'메모리얼 홀'의 바로 옆 동쪽 편에 있는
건축대학원(GSD) 건물인 '조지 건드 홀'은
하버드 건축대학원 동문 건축가인 존 앤
드류스(John Andrews)에 의하여 1969년에
지어진, 상상력이 풍부하고 뛰어난 모더
니즘 작품이다. 이 '건드 홀'은 Pusey 총장
재임 기간(1953~1971, 18년간 재직)에 지어
진 현대식 건물의 종결자로 알려진 현대주
의의 걸작이다.

건축대학원 옆모습　　　　　　출처: Wikipedia

앞면은 거대한 돌기둥들 여러 개가 건물 입구를 떠받치고 있지만, 반대편에 있는 거대한
계단 형태의 깎아지른 유리지붕은 '건물을 이렇게 지을 수도 있구나' 싶어 놀라울 뿐이다.

건물 안에 들어가면 거대한 4데크 '드래프트 룸'이 한눈에 들여다 보인다. 4개층이 한눈
에 보이게끔 계단식 구조로 연결돼 있다. 12명의 대학원생으로 1개의 스튜디오를 구성하
여, 동시에 40개 정도의 스튜디오가 가동되면서 팀을 이루어 설계디자인을 학습하고 실습

계단식 구조로 된 4개층 '설계실'

하버드 건축대학원(우측) 일대, 중앙의 둥근 건물은 국제정치학관(CGIS)

하는 모습은 장관이다.

세계 최고를 자랑하는 하버드의 건축 관련 학업은 원래 '로빈슨 홀'에서 건축설계, 조경학 등을 가르치다가, 1936년에 건축학과와 조경학과, 도시계획학과가 합쳐져 건축디자인대학원(Graduate School of Design, 여기서 Design이란 건축 및 조경 '설계'를 말함)으로 발전되면서, 1969년도에 'Gund Hall'을 크게 지어 이사를 하게 된 것이다.

7학기제인 하버드 건축대학원에서는 건축학, 조경학, 도시설계, 도시계획, 응용설계, 응용설계 엔지니어링 등을 전공하는 약 800명의 학생들과 100명이 넘는 교수진과 관계자들이 연구와 실습을 하고 있다.

3 _____ 국제정치학센터 (The Center for Government & International Studies): 지구촌을 움직이는 세계 정치외교계의 심장부

The Center for Government & International Studies (CGIS)

CGIS 'Knafel(내펠) Building'의 명패

'국제 정치학 센터'(CGIS, 씨지스)는 정치, 외교, 국제관계를 연구하는 '정부학과'(다른 대학들은 '정치학과' 또는 '정치외교학과'라고 하는 것을, 하버드대는 전통을 고수하느라 '정부학과'라 함)와 국제문제에 초점을 맞춰 세계사를 연구하는 '국제 역사학과', 그리고 오늘날 한·중·일 등 떠오르는 동아시아에 초점을 맞춰 하버드생들에게 가장 인기있고 세계적으로도 유명한 '동아시아 지역학'(RSEA, Regional Studies of East Asia) 등 여러 '국제 지역학 연구센터'들을 품고 있다.

하버드 국제정치학 센터(CGIS)

CGIS(씨지스) 전용 건물인 국제정치학관은, 'Memorial Hall'과 '건축디자인대학원' 바로 옆에 위치하며, Cambridge Street를 사이로 마주보고 있는 두 개의 원형 쌍둥이 빌딩인 'CGIS Knafel'(북쪽 건물), 'CGIS South'(남쪽 건물)로 구성되어 있다. 두 건물이 거의 똑같이 생겼으므로, 방문시 헷갈리지 않도록 주의해야할 정도이다.

'CGIS South' 빌딩 출입구

뿐만 아니라 CGIS Knafel 바로 옆의 중형 건물 'CGIS East', 그리고 북쪽에 있는 4개의 별관 건물들로 구성되어 있어, 하버드의 '국제 정치학 센터'는 가지고 있는 그 영향력만큼 이나 꽤 부자인 셈이다.

하버드 CGIS는, 현미경으로 들여다 보듯 세계를 들여다보며 지구촌을 움직이는 연구센터이자 미국 정계, 재계의 브레인 역할을 하고 있는 '지역학 연구센터'를 운영하고 있다.

북쪽 'CGIS Knafel Building'에는 미국 정치학 연구센터, 국제외교 문제 연구센터, 사회과학 연구소, 지리적 분석 연구센터가 있다.

'CGIS South Building'에는 동아시아 지역학 연구센터(RSEA), 한국연구소, 중국학 센터, 일본학 연구소, 아시아센터, 남부 아시아 연구소, 내륙 아시아 및 알타이 연구위원회, 러시아 및 유라시안 연구센터, 라틴아메리카 연구센터 등이 포진되어 있다.

그 밖에 중동 연구센터, 아프리카 연구센터, 우크라이나 연구소가 별관에 위치하고 있다.

CGIS Knafel Building에 위치하는 'H.C. 펑 도서관'(The H.C. Fung Library)은 정치, 외교, 국제 분야에 관한 인문과학대학의 학부 및 대학원의 연구와 교육 프로그램을 지원하기 위한 전문 자료들을 집중적으로 수집하기 위하여 2005년에 설립되었다.

CGIS 도서관

따라서 지역학에 상당한 전문지식을 갖춘 사서가 한국, 중국, 일본, 러시아 등 특정 지역 연구소와 함께 의논하여 자료를 선정하고 수집한다. Fung Library 컬렉션에는 국제정치, 대외관계, 외교정책, 경제 및 정치학 분야의 도서는 물론 수많은 저널과 신문 등이 있다.

CGIS 건물의 시설은 하버드 내에서도 최고 수준급이다. 교수 연구실뿐만 아니라 크고 작은 강의실과 세미나실, 스터디 룸, 컴퓨터실, 휴게실, 수유실, 카페 등의 공간이 다양하게 배치되어 있다.

휴게실

2층 휴게실

뒷이야기 하나

CGIS가 배출한 세계적 인물, '헨리 키신저'

Henry Alfred Kissinger 출처: Wikipedia

헨리 키신저(Henry Alfred Kissinger)는 하버드 출신 중 가장 성공한 외교관이자 정치관료로 일컬어진다. 하버드대 CGIS(씨지스)의 국제정치학 교수 출신으로, 1969년 리처드 닉슨 대통령 정부에서 백악관 국가안보좌관과 국무장관을 지냈고, 1973년 닉슨 대통령이 재선되자 이 두 직책을 혼자서 겸임하기까지 한다. 후임 포드 대통령 때에도 겸임은 계속되다 1975년에서야 안보보좌관 직을 내려놓고 국무장관 직에 전념하며 1977년 공직에서 내려올 때까지 세계 외교를 쥐락펴락하였다.

뛰어난 협상가(an accomplished negotiator)로서 세계 어느 나라든 막전 막후에서 동분서주하여 '셔틀외교'(shuttle-diplomacy)라 불렸던 키신저 외교의 대표적 성공사례로 꼽히고 있는 것들은 공산 중국의 개방, 미소 데탕트(détente, 긴장완화, 화해 분위기), 베트남에서의 미군 철수, 중동 평화협정 체결, 사우디아라비아로 하여금 석유 판매대금을 달러로만 결제받도록 하여 달러의 기축통화 정착화 등이다.

특히 중국과의 수교가 냉전의 전환점이 되어 소련을 전략무기 군축회담인 SALT에 참여시키고 마침내 소련을 해체시키는 데에까지 이르게 했다는 것이다. 1973년에는 베트남 휴전조약인 파리협정 체결의 공로로 노벨 평화상을 수상하였다.

그러나 그가 처음부터 탄탄대로를 걸었던 것은 아니다. 1923년 5월 27일 독일 뮌헨 근처에서 유대인으로 태어난 그는, 15세 때인 1938년 나치의 박해를 피해 전 가족이 함께 미국으로 이민을 가게 된다. 뉴욕의 변두리 독일인 마을에 자리잡은 키신저 가족은, 원래 독일에서 교사였던 아버지가 미국생활에 적응을 못 하고 하루 종일 술에 취하여

모택동, 주은래와 대화하는 키신저 출처: Wikipedia

지내자, 생계를 위하여 어머니는 파출부로, 10대인 키신저와 동생도 취업전선에 나서야만 했다. 키신저는 낮에는 면도솔 공장에서 일하고, 밤에는 조지 워싱턴 고등학교의 야간 과정(night school)에 다니며 주경야독하였다.

야간 고등학교를 졸업한 후 뉴욕 시티 칼리지에 진학하여 고학하며 파트 타임 학생으로 회계학을 공부하던 그는, 20세가 되던 1943년 미국 시민권을 얻기 위하여 병사로 군에 자원 입대하여 군복무를 하던 중 이듬해 2차 세계대전에 동원되어 유럽으로 파병된다. 그러나 이것이 그에게 전화위복이 될 줄이야.

6년 전에 쫓기듯 떠났던 독일 땅에 미군 군복을 입고 다시 돌아간 키신저는 배속된 방첩부대(the Army Counter Intelligence Corps)에 배속되는데, 능통한 독일어 실력뿐 아니라, 나치 독일인과 비 나치 독일인을 감별해내는 비상한 능력이 윗사람의 눈에 들어 전쟁터에서 일약 장교에 임관되는 행운을 잡게 된다.

정작 독일에서 학교 다닐 때에는 공부는 안 하고 축구공이나 갖고 놀았기 때문에 성적은 중하 정도였고 특별히 영어 과목에서 더욱 저조했던 키신저가, 미국에 건너와 가난한 배고픔과 유대인 이민자에 대한 차별을 경험하자 크게 각성하여 이를 악물고 피나는 노력에 노력을 더한 끝에, 마침내 제대 후 장교 경력과 군인 가산점의 혜택까지 더하여 하버드대에 입학을 하게 된다. 1944년 6월에 제정된 '제대군인 원호법'에 의하면 2차 대전에서 돌아온 제대군인이 대학에 입학할 경우 전액 장학금을 지원하도록 되어 있었다.

전 세계에서 몰려든 내로라 하는 명문 고등학교 출신들이 즐비한 하버드 캠퍼스에서 야간 고등학교 출신의 유대인이자 군복무로 나이도 너댓 살 많아 어차피 외톨이일 수밖에 없는 입장이었기 때문에 '하버드 대학의 공부벌레'가 되기로 작정한 그를 알아준 사람은 지도교수인 윌리엄 엘리엇(William Elliott)이었다.

엘리엇 교수는 자신의 애제자에게 학계는 물론 정·관계의 유력 인사들이 참여하고 있던 '국제관계학 세미나'를 소개해 주었다. 이 세미나에서 그는 대부호 록펠러 가문의 대통령감이었

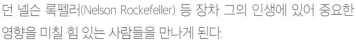

던 넬슨 록펠러(Nelson Rockefeller) 등 장차 그의 인생에 있어 중요한 영향을 미칠 힘 있는 사람들을 만나게 된다.

하버드에서 정치학을 전공한 그는 만27세인 1950년 학부를 최우수(summa cum laude, 수마 쿰 라우데) 성적으로 졸업한 다음, 연이어서 1951년에 정치학 석사, 1954년에 정치학 박사 학위를 취득하였다.

그러나 하버드대 박사가 되었다고 하여 힘든 시절이 단숨에 없어지는 것은 아니었던가 보다. 원하는 하버드 대학에 교수 자리가 바로 나지 않아 일자리를 찾던 그에게 하버드대 학장은 외교 관계 협회를 주선해 주었다. 그는 불평 한 마디 없이 그 협회의 스터디 그룹에서 발표와 토론 패널을 맡아 묵묵히, 그러나 열심히 일하면서 그 경

1950년경의 헨리 키신저
출처: Wikipedia

험을 모아 '핵무기와 외교정책'(Nuclear
Weapons and Foreign Policy)이라는 책을
출간하게 되는데, 이것이 미소 간의 대량
살상무기 군비경쟁이 고조되던 당시의
흐름을 타고 베스트셀러가 되면서 키신
저라는 이름이 널리 알려지는 계기가 되
었다.

게다가 33세인 1956년부터는 '국제
관계학 세미나' 시절 때 얼굴을 익힌 넬
슨 록펠러가 그를 불러 자신의 개인 자문
역을 맡기며 거액의 연봉을 지급해 준다.

1973.9.22. 닉슨 대통령과 모친이 지켜보는 가운데 성경에 손을
얹고 대법원장 앞에서 국무장관 취임 선서를 하는 키신저
출처: Wikipedia

1958년, 1962년, 1966년, 1970년의 뉴욕주지사 선거에서 4연승을 거두고, 1974년 포드
정부에서 부통령을 역임하는 이 부유한 거물 정치인과의 인연은 결국 키신저를 미국 최고의
권력 핵심부로 들어서게 하는 통로가 되어 준다. 또한 록펠러의 여비서와 결혼까지 하게 되니
역시 '인사는 안면이라'(얼굴이 익숙한 사람을 불러 쓴다)는 말이 키신저의 인생에도 통했던 것이
라고나 해야 할까.

그러는 사이 1958년에 마침내 하버드 대학 교수의 길이 열리고, 그는 모교로 돌아가자마자
동료 교수와 함께 그 유명한 CGIS의 '국제문제 센터'(the Center for International Affairs, CFIA)를
설립해 본격적으로 외교정책 전문가로서 싱크탱크 활동을 시작한다.

한편 넬슨 록펠러(1908~1979)는 1960년, 1964년, 1968년에 연거푸 공화당 대선 후보에
도전하지만 실패한다. 키신저는 그의 참모로서 선거전략을 짜며 보좌하는데, 특히 1968년 당
내 경선에서는 강적인 리처드 닉슨을 매우 괴롭히는 구체적이고도 마키아벨리적인 조언으로
닉슨을 정말 힘들게 만든다. 그런데도 어쩐 일인지 록펠러는 경선에 패하고 만다. 너무 부자라
서 그랬을까?

닉슨이 제37대 대통령에 당선되자 넬슨 록펠러는 나라를 위하여 적극 협조하겠다며 자신이
아끼는 비밀병기 키신저를 대통령에게 선물한다. 그러나 닉슨은 본래 유대인에 대한 편견을
갖고 있었던 데다, 자신을 그토록 몰아치며 괴롭혔던 의뭉스러운 모사꾼에 대하여 냉담한 반
응을 보였다. 그러나 이내 생각을 바꿔 유대인이지만 하버드 출신의 하버드대 교수이자, 초년
에 고생을 하며 자수성가했기 때문에 남다른 통찰력과 현실감각을 겸비하고 철학 이론에서부
터 세계정세에 이르기까지 거침없는 아이디어와 지략을 구사하는 키신저 같은 사람이 곁에 있
어야 백악관 중심의 국정 운영이 가능할 것이라는 판단하에, 마침내 1969년 키신저를 대통령
안보보좌관으로 임명하여 고위 관료의 세계에 들어서게 한다. 그 뒤로 약 10년 동안 그는 제
대로 실력을 발휘하면서 안보보좌관에 국무장관을 역임하며 국제 외교의 황제로 군림한다.

물론 키신저의 행적 중에는 비난의 대상도 있다. 키신저는 미국의 이해에 반하는 남미의 두 정권을 가차 없이 축출하는데, 1973년 칠레의 살바도르 아옌데 사회당 정권을 군사 쿠데타로 붕괴시키고, 1976년에는 아르헨티나의 이사벨 페론 정부를 전복시키는 데도 주도적인 역할을 했다. 또한 키신저는 베트남전 말기에 저질러진 베트콩 보급로 차단 명목의 캄보디아 비밀폭격의 배후 인물로 알려져 있고, 1975년 인도네시아의 동티모르 침공도 묵인했다. 아울러 1970년대 중반 아프리카 산유국 앙골라 내전에선 친미 성향이라는 이유로 반국민적 반군단체를 지원하는 실수도 범했다.

국제정치학의 관점에서 볼 때, 키신저는 전형적인 현실주의자이다. 다른 나라 내정에 대한 개입이나 독재에 대한 옹호도 서슴지 않은 냉혹한 현실주의자였다. 현실주의자에게는 국제정치의 유일한 정의가 '국익'(national interest)과 '권력'(power)일 뿐이었다. 그러한 키신저는 다음과 같은 말을 남겼다. "America has no permanent friends or enemies, only interests."(미국에게는 영원한 적도, 영원한 친구도 없다. 오직 국익만이 존재할 뿐이다.)

어느 날, 어떤 사람이 "당신처럼 유능하고 잘 알려진 사람이 왜 대통령에 출마하지 않느냐?"고 묻자, 그는 "불행하게도 미국 법률에 이민 1세대는 대통령이 되지 못한다는 규정이 있다."고 받았다. 그리고는 "하지만 황제가 되지 말라는 규정은 어디에도 없습디다."라며 싱긋 웃었다. 그렇다. 그는 실제로 그 시절 미국 안팎에서 외교정책에 관한 한 세계적인 황제였던 것이다.

키신저는 공직을 떠난 후에도 수 차례 미국 정부의 자문 역할을 맡았고, 국제사회에서 큰 영향력을 행사하는 국제권력의 숨은 실세로서 국제정세의 큰 판을 막후에서 조언하는 활동을 하다가, 만 100살 되던 2023년 11월 29일에 사망하였다.

뒷이야기 둘

하버드 최초의 한인 유학생 이승만

한국인으로서 하버드 대학교에 최초로 유학하여 석사학위를 취득한 사람은 이승만이다. 이승만은 구한말(대한제국 말기)에 미국으로 건너가 조지워싱턴 대학교에서 학사, 하버드 대학교에서 석사, 프린스턴 대학교에서 박사학위를 받았다.

이승만(李承晩, 1875.3.26.~1965.7.19.) 은 일제 강점기의 독립운동가로서, 대한민국 임시정부의 초대 대통령이면서, 해방 후 대한민국의 초대 국회의장, 제1·2·3대 대통령이었다가 노쇠함과 장기집권, 부정선거 등으로 인해 4·19 학생혁명으로 하야한 정치인이다.

1948.7.17. 대한민국 헌법에 서명하는 이승만 초대 국회의장
출처: 이승만 기념관

이승만은 일제 때는 물론 광복 이후 해방 정국에서도 좌우 진영을 가리지 않고 그를 대표로 모시려 할 정도로 국내 정치적으로 압도적인 카리스마를 가졌던 인물이다.

그는 구한말부터의 민권운동, 정치투쟁과 종신형 투옥 경력, 오랜 해외 독립운동, 최강대국 미국과 소통할 수 있었던 능력 등과 더불어, 미국 명문대 석·박사라는 스펙까지 갖추었기 때문에 국내에서 독보적인 권위를 구축할 수 있었다고 보는 것이 중론이다.

원래 몰락한 왕실 친족의 후손으로 조선 말기의 과거시험에서 수년간 연전연패하여 실의에 빠져있던 이승만은, 우연히 친구를 따라 갔다가 20세인 1895년 감리교 선교사 헨리 아펜젤러가 설립한 '배재학당'에 입학하게 된다.

1897년 7월 8일 배재학당 졸업식

미국 의회에서 연설하는 이승만 대통령
출처: 이승만 기념관

이 거행되었을 때, 성적 우수자인 이승만이 졸업생을 대표하여 '조선의 독립'(The Independence of Korea)이라는 제목으로 영어 연설을 하였는데, 발음도 유창하거니와 조선의 독립을 역설하는 열렬한 패기로 인하여 참석한 수백 명의 일반 청중들, 정부 고관들, 주한 외교사절들을 사로잡아 단번에 유명인사가 되었다.

그러던 중 이승만은 1899년 1월 내각 중심 입헌군주제를 위한 고종 폐위 쿠데타 음모에 가담했다가 체포되어 종신형을 선고받고, 1904년 8월 9일 석방될 때까지 5년 7개월간 한성감옥에 투옥되었다.

1904년 2월 8일 러일전쟁이 일어나자, 일본의 득세에 위기를 느낀 조정에서 미국에 특파할 '영어 잘하는 사람'을 찾았는데, 바로 그 사람이 이승만이었다. 이승만은 특별 사면령을 받아 1904년 8월 9일 석방되었다. 이승만은 미국이 대한제국의 독립을 지원해 달라는 밀서를 소지하고 미국 대통령을 만나기 위해 1904년 11월 4일 제물포항을 출발, 일본 고베에서 배를 갈아타고 태평양을 건너 호놀룰루에 도착한 다음, 샌프란시스코, 로스앤젤레스, 시카고를 거쳐 1904년 12월 31일 워싱턴DC에 도착하였다.

그러나 시어도어 루스벨트 대통령은 끝내 이승만을 만나주지 않았다. 이미 1904년 7월 27일 가쓰라-태프트 밀약을 통해 필리핀을 미국이 갖는 대신 한반도는 일제가 점유하도록 밀약을 맺었기 때문이었다. 밀사 임무에 실패한 이승만은, 강대국들의 야비함과 조국의 무력함에 대한 실망으로 아예 미국에 남아 국제법(만국공법) 등 국제정치학을 공부하여 힘을 기르기로 결심한다.

이승만은 서울에서 받은 선교사 게일의 소개장을 들고 Lewis Hamlin을 찾아갔다. 햄린은 이승만이 장차 유능한 선교사가 되리라 믿고 조지 워싱턴 대학의 Charles Needham 총장과 Wilber 학장과의 만남을 주선했다. 이승만이 졸업한 배재학당의 영문 명칭이 College를 사용하고 있었기 때문에 그 학력을 인정받아 이승만은 1905년 2월 워싱턴DC의 조지 워싱턴 대학교 콜럼비아 학부에 2학년 목회장학생으로 편입학이 허용되었다. 32세의 늦깎이 이승만은 각고의 노력 끝에 2년 4개월 만인 1907년 6월에 대학을 졸업하고 1907년 초 이승만은 하버드 인문대학원 원장 앞으로 입학지원서를 보내며, "본인은 다년간 사서오경(논어, 맹자, 대학, 중용과 시경, 서경, 역경, 춘추, 예기) 등 동양의 학문을 쌓은 인물로서, 조선에 돌아가 할 일이 많기 때문에 하버드 대학원에서 2년 이내에 박사학위를 취득하고 싶다. 조지 워싱턴 대학에서는 2년 이내에 박사학위 취득이 가능하다고 한다."고 덧붙였다.

그러나 하버드대학 측은 박사학위를 취득하기에는 2년 공부로는 부족하다며, 일단 석사과정 입학만을 허가했다. 이승만은 1907년 가을부터 1908년 봄까지 지금의 하버드 국제정치학관(CGIS) 근처에서 하숙하며 하버드대에서 국제법과 중재, 미국의 외교정책 등 정치학 2과목, 서구 열강의 팽창주의와 식민정책 등 역사학 4과목, 19세기 유럽의 상공업 관련 경제학 1과목을 수강하며, 1년 내에 석사학위를 끝내면 곧 바로 박사과정을 이수하겠다는 야심찬 계획을

하버드대 대학원 재학시절 모습(뒷줄 좌측), 중앙의 콧수염 인물은 국제법 교수   출처: 이승만 기념관

세웠다.

그러나 결과는 참담했다. 대부분의 과목들에서 B학점을 받았을 뿐만 아니라, 역사학 과목 하나에서 C학점, 경제학에서 D학점을 받는 바람에 계획이 꼬이고 말았다.

그렇지만 다행히도 하버드는 그에게 여름방학 때 미국사 1과목을 추가로 이수하여 B학점 이상 성적을 받으면 석사학위를 주겠다고 배려해 주었다. 이승만은 Summer School 과정에서 이 과목의 B학점을 따냄으로써 졸업요건을 채우고 마침내 1910년 2월 23일에 하버드대의 석사(Master of Arts) 학위를 취득할 수 있었다.

1년 내 석사학위 취득에 실패하자 일단 하버드를 떠났던 이승만은, 1908년 하반기에 뉴욕으로 건너가 우연히 New York 시내에서 조선에 있을 때 알았던 장로교 선교단체의 Ernest Hall 목사를 만났는데, 전후 사정을 듣더니 그는 이승만을 자신의 모교인 프린스턴 대학으로 데리고 갔다.

홀 목사의 인도로 프린스턴 신학교의 Charles Erdman 박사와 프린스턴 대학원 Andrew West 원장과 면담하게 됐는데, 역시 배짱 있게 이승만은 2년 안에 박사학위를 끝내야만 조국에 돌아가 민족을 구원할 수 있다고 강조했다. 감동한 Princeton 측으로부터 2년 내 박사 취득 보장 조건하에 입학을 허가받은 이승만은, 신학교 기숙사인 '캘빈 클럽'에 무료로 기숙할 수 있는 특별장학생 혜택까지 받으며 신학 강좌를 듣는 한편, 프린스턴 대학원에서 역사·정치·경제학과의 박사과정에 등록하게 되었다. 만 33~35세 나이의 만학도였던 이승만이 뉴저지주의

박사학위 취득(1910.7.18.)
출처: 이승만 기념관

Princeton University 캠퍼스에서 공부한 기간은 1908년 9월부터 1910년 6월까지였다.

어드먼 신학박사와 웨스트 대학원장이 그에게 베풀어준 호의는 평생 잊을 수 없는 것이었다. 그리고 무엇보다도 나중에 제28대 미국 대통령이 되는 우드로 윌슨(W. Wilson) 총장 및 그의 가족(특히 딸)과의 친밀한 관계는 참으로 값진 것이었다.

1910년 봄학기에는 대부분의 시간을 도서관에서 보내며 박사학위 논문 작성에 전념하였다. 논문 제목은 '미국의 영향을 받은 중립'(Neutrality as Influenced by the United States)으로, 국제법상 전시 중립제도의 발달에 관한 내용이었다.

드디어 1910년 6월 14일 졸업식에서 이승만은 꿈에 그리던 박사학위(Ph.D.)를 우드로 윌슨 총장으로부터 직접 수여받았다. 말하자면 이로써 이승만은 국제법을 제대로 전공한 한국 최초의 국제정치학자가 된 것이었다.

4 ─────── 과학센터 (Science Center)
: 자식이 잘되면 부모도 영광을 받는 과학천재들의 산실

Science Center   출처: Wikipedia

하버드대 메인 캠퍼스를 둘러본 다음, '올드 야드'(Old Yard)에서 신입생기숙사 Thayer와 Canaday 사이에 있는 '마이어 게이트'(Meyer Gate)를 통과하여 북쪽으로 나가면 the Plaza 라는 넓은 광장 앞에 있는 'Science Center' 건물이 나타난다.

이 '사이언스 센터' 건물에는 화학, 물리학, 생물학 등 과학교육 실험실, 20 개의 범용 강의실 외에도 5개의 주요 강의실이 있고, 교수 연구실과 교직원 사무실, Cabot 과학도서관, Derek Bok 교육 및 학습 센터, 역사적 과학기기의 컬렉션 박물관, 메일 및 컴퓨팅과 같은 중앙 서비스를 위한 시설이 갖춰져 있다.

수십억 달러의 자금을 익명으로 지원하며 과학센터(Science Center) 건물을 새로 건축하도록 추진시킨 사람은, 다름아닌 그 과학센터에 근무하는 책임자였던 발명가 에드윈 랜드 (Edwin Land) 자신이었다. 에드윈 랜드는, 폴라로이드 주식회사의 설립자일 뿐만 아니라, 적국에 들어가 고공에서 비밀 촬영을 했던 스파이 정찰기 U-2 비행기의 카메라 설계 등 많은 것을 발명하여 지식재산으로 엄청난 부를 일군 발명 기업가 겸 자선가였다.

Edwin Land　　　　출처: Wikipedia

러시아 유대인 이민자 출신의 부유한 고철업자였던 아버지 밑에서 유복하게 자란 에드윈 랜드는 1926년 17세의 나이에 물리학 전공으로 하버드에 입학했었다. 그러나 머릿속에 가득 쏟아지는 아이디어를 감당하지 못한 그는 첫 번째 학기 말에 학교를 휴학하고, 야간에 반대 차선 자동차의 전조등 불빛 때문에 눈이 부셔 죽을 뻔했던 경험을 계기로 빛의 눈부심 현상 연구에 몰두한 다음, 20살이 되던 1929년 하버드에 다시 복학했다. 그때 그는 이미 편광자 분야의 세계적인 수준에 도달해 있었기 때문에, 그의 천재성을 인정한 하버드대 물리학연구소 소장인 테어도르 리먼 교수가 아예 그에게 실험실 하나를 내어줄 정도였다. 그러나 Edwin Land는 늦기 전에 자신의 특허를 상품으로 개발하기로 하고, 졸업을 한 학기 남겨둔 1932년 결국 대학을 중퇴하고 말았다. 한참 뒤의 후배인 빌 게이츠나 저커버그의 대선배 격이었던 셈이다.

그는 하버드대의 물리학과 강사이던 조지 휠라이트와 함께 Land-Wheelwright연구소를 설립한 후, 1937년 폴라로이드사(Polaroid Co.)로 전환하였다. 입체영화 개발과 2차대전의 특수에 더하여, 마침내 1948년 가을에 출시된 즉석 카메라가 전 세계로 날개 돋친 듯 팔려나가면서 그를 어마어마한 돈방석에 앉혔다. 바닷가에 놀러갔을 때 어린 딸의 사진을 찍어줬는데 아이가 "아빠, 사진 지금 보여줘요, 빨리."라고 보채자 섬광처럼 즉석 카메라에 대한 아이디어가 스치고 지나가는 것을 놓치지 않았다.

부자가 되었지만 그는 1980년대까지 하버드 곁에서 60년 이상을 살면서 쉬지 않고 노력하여 500개가 넘는 특허권을 취득하였고, 자연과학으로 사람들의 삶에 선한 영향을 미친 결과를 인정받아 1957년 하버드대로부터 명예 박사학위도 받았다. 그후 1972년 하버드대에 거액을 기부하여 'Science Center'를 건립하였으며, 74세인 1983년에 은퇴한다.

그러나 기술발전은 놀라워서 그 후 등장한 컴퓨터와 디지털 카메라 기술을 접목시키지 못했던 폴라로이드는 그가 사망한 1991년에 파산하고 말았다. 워낙 유명했던 Polaroid 상표권만은 타사에 넘겨져 아직도 살아있기는 하다.

팽이 의자(좌측에 있는 갈색 둥근 의자)가 있는 'Cabot Science Library' 휴게실　　출처: Harvard Library

　과학센터(Science Center) 건물의 앞쪽 1층에는 '캐봇 과학도서관'(Cabot Science Library)과 행정실이 있다. 특히 '과학센터'의 '캐봇 과학도서관' 1층 우측의 안쪽 창가에는 그 유명한 하버드의 '팽이 의자'가 있다. 하버드 방문자라면 꼭 한 번 이 '팽이 의자'를 타고 몇 바퀴 돌아볼 일이다. 어린아이처럼 동심으로 돌아가 아주 아주 재미있다. 누가 이걸 고안해서 여기에다 갖다 놨는지 참 센스있는 사람이다. 아마 그는 분명히 행복한 삶을 살았을 것임에 틀림없다.

　수학과 과학 전공 학부생들을 위한 건물인 만큼, 'Science Center' 건물의 뒤쪽 편으로는 과학 실험실과 강의실들이 배치되어 있다.

　건물의 중심에서부터 계단식으로 꺾여 올라가며 특이하게 지어진 강의실 구간은 6개 층으로 각이 지어져 있고, 그 맨 위에는 둥근 모양의 천문관측소가 있다.

'과학센터'의 2층 복도 모습, 경사진 복도 유리창이 특징이다.

Polaroid Camera를 닮은 Science Center 건물의 모습   출처: Wikipedia

그런 계단식 모양의 '사이언스 센터' 빌딩을 두고 학생들은 이 건물의 기부자가 발명했던 초기 폴라로이드 카메라의 모양과 닮았다고 주장하기도 한다.

'Science Center' 건물 앞면   'Science Center'(좌), 'Memorial Hall'(중) 앞의 the Plaza 광장
                                          에는 Food Truck과 벤치가 설치돼 있다.

출처: erix2005/ Depositphotos.com

5 _____ 심리학관, 윌리엄 제임스 홀 (William James Hall)
: 하버드 한복판에 우뚝 솟아 있는 '상처받은 치유자'

1963년에 건축된 '윌리엄 제임스 홀'(William James Hall)은 15층짜리 현대식 건물로, 뉴욕 맨해튼에 있던 110층짜리 쌍둥이빌딩 세계무역센터(World Trade Center, 2001.9.11. 항공기 테러로 무너짐)를 1970년에 설계한 건축가 미노루 야마사키(Minoru Yamasaki)의 작품이다.

하버드 의대 출신 의사였지만 자신의 내면을 타고 흐르는 수많은 상처와 우울증을 견디기 어려워 고뇌하며 연구 끝에 '의식의 흐름'을 창안해 낸 미국 심리학의 선구자인 윌리엄 제임스(William James) 하버드 교수의 이름을 따라 빌딩 이름을 붙인 이 건물에는 '심리학과'와 '인류학과'가 입주해 있다.

심리학은 마음과 행동을 과학적으로 연구하는 학문으로서, 심리학이라는 영어 'psychology'도, 그리스어로 정신, 마음이라는 뜻의 psyche와 연구한다는 뜻의 logos가 합쳐진 것으로, '마음(psyche)의 학문'이라는 뜻이라고 한다. 이 때문에 그리스 문자 Ψ(프시)는 '심리학'을 상징하는 약자로 사용되고 있다.

하버드 최초의 초고층 현대식 빌딩인 '윌리엄 제임스 홀'은, 고풍스럽고도 묵직한 분위기의 하버드 캠퍼스 한복판을 뚫고 무람없이 치솟아 올라 있다는 사실 자체만으로도 심각

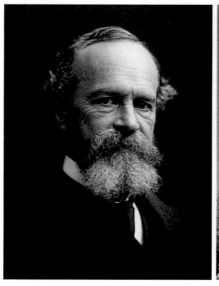

William James　　　출처: Wikipedia　**William James Hall**　　　출처: Wikipedia

한 도발이었다. 그래서 베트남 참전 반대로 폭력적 분위기가 감돌던 1970년대 초반에는, 급진적 운동권 학생들이 '국제정치학 센터'(CGIS)에서부터 그 바로 뒤에 위치한 '윌리엄 제임스 홀'까지 하버드 내 모든 현대적 건물들을 파괴할 계획을 세우고 있다는 소문이 나돌 정도였다. 그리고 실제로 1970년 10월 14일 00시 38분, '국제정치학 센터' CGIS 건물 3층에서 폭발물이 터져 3개의 방이 부서지는 일까지 벌어졌다. 나중에 밝혀진 사실에 의하면, 건축 미학적 이유라기보다는 '국제정치학 센터'(CGIS)가 베트남전 작전 기획처라는 의구심이 들었던 정치적 이유 때문이었다고 한다.

그러나 다행히 상황이 더 악화되지는 않았다. 현대건축 디자인 양식의 '윌리엄 제임스 홀'은 아직까지도 우뚝 솟은 채 묵묵히 제자리에 남아있고, 하버드를 처음 찾는 방문객들도 "저게 뭐지?" 하는 높이와 외관을 갖고 있지만, 어쩌면 그만큼 역설적으로 하버드의 융합과 관용의 정신을 나타내고 있는지도 모른다.

뒷이야기 하나

'의식의 흐름'의 창안자, '윌리엄 제임스'는 누구인가?

1842년 1월 11일 뉴욕의 부유하고 지적인 분위기의 가정에서 장남으로 태어난 윌리엄 제임스는, 자녀의 세계화를 위한 대서양 횡단 교육의 중요성을 강조한 아버지의 영향으로 독일어와 프랑스어를 유창하게 하였고, 생애 동안 13번의 유럽여행을 하며 몇 년씩 거주하기도 하였다.

1867년에는 우울증과 시력 약화, 허리통증 등 건강 문제로 독일에서 요양하게 된다. 그런데 인생사 새옹지마라고, 이때 그는 철학, 심리학, 신학 등 지적으로 비옥한 자양을 섭취한 다음, 하버드로 돌아와 1869년 일단 의학으로 MD학위를 취득한다.

의대를 졸업하고 나서 의료 기능인으로 살기보다는, 자신의 내면을 서성거리는 우울증의 정체가 무엇인지, 도대체 생각은 어디서 오는지, 사람의 마음의 작용이 무엇인지를 곱씹어 보던 그는, 1873년 하버드대의 강사가 되어 척추 생리학을 강의하면서, 자연스럽게 관심을 넓혀 생리학적 심리학 강의를 하는 한편, 인식론, 형이상학, 종교 및 신비주의를 포함한 다양한 주제에 관한 글을 발표한다.

그러다가 1875년 하버드대는 물론 미국에서 최초로 '심리학' 강좌를 개설하고, 최초의 미국 심리학연구소를 설립하며, 전 2권에 총 1,400쪽에 달하는 '심리학의 원리'(Principles of Psychology, 1890)라는 걸작을 저술하여 '아메리칸 심리학의 아버지'가 된다.

그때까지 심리학이라는 것을 모르던 미국 학계에 심리학이라는 학문을 하나의 고유한 학문으로 정립하려는 의도도 있었지만, 무엇보다도 그 자신의 존재 자체에 대한 의문을 해결하기 위하여 집필을 시작한 이 대작은, 심리적 경험의 다양한 분야들을 망라하고 있으며, 그 출발점을 '뇌의 구조'에서부터 시작하고 있다. 의사이기도 했던 제임스 자신뿐 아니라 심리학이라는 학문이 의학에서 독립돼 나온 특성에서 비롯된 것일 것이다.

미국은 물론 유럽에서까지 널리 읽히며 Sigmund Freud와 Carl Jung의 관심과 찬사를 받는 등 윌리엄 제임스에게 세계적인 석학의 명성을 안겨준 이 책은, 미국 정신사의 한 획을 그은 것으로도 평가받고 있다.

그는, 인간이 외부의 어떤 대상과 접촉함으로써 체험하게 되는 순수경험이 곧 인간의 의식을 형성하는 원초적 자료이며, 이 순수경험의 과정을 '의식의 흐름'(Stream of Consciousness)이라고 보아 이를 분석하는 것이 바로 심리학의 본령이라고 하였다.

이 '의식의 흐름'이라는 개념은 제임스 조이스나 마르셀 프루스트 같은 문학가, 그의 한 살

아래 동생인 저명한 소설가 헨리 제임스 등에게 강력한 영향을 미친다.

그의 생애를 돌이켜 보건대, 태어날 때부터 금수저를 물고, 수준있는 부모 밑에서, 뛰어난 두뇌까지 타고 태어나 남부러울 것이 없었던 환경이었음에도 불구하고, 그는 육체적으로 눈, 위장, 피부를 포함한 난청 등 다양한 신체 질환에 시달려야 했다. 정신적으로는 신경쇠약 진단을 받았으며, 자살로 끌고 가려는 심각한 우울증을 포함한 다양한 심리적 증상을 겪어야 했다.

그는 왜 그래야만 했던가? 그는 왜 상처받아야만 했던가? 그가 '영혼의 질병'이라고 불렀던-풀리지 않았던 의문은, 그의 끈질긴 철학적, 심리적, 신앙적 탐구 끝에 1872년 30세 무렵에 가서 해결할 수 있었다. 그가 초년 시절 고통받으며 신음했기 때문에 그가 받았던 아픈 상처들이 합력하여 선을 이루며 수많은 사람의 마음을 치유하는 위대한 '심리학'으로 열매를 맺을 수 있었던 것이다. 그랬다. 그는 바로 '상처받은 치유자'였던 것이다.

6 _____ 하버드-옌칭 도서관 (Harvard-Yenching Library)
: 와이드너 도서관 기부자 엘리너 부인의 재혼 남편이 기부해 지은
　동아시아학의 요람

하버드-옌칭 도서관　　　　　　　　　　　　　출처: Wikipedia

　　Harvard-Yenching Library는 한·중·일 등 동아시아학 도서관이다. '하버드-옌칭 도서관'의 입구 로비의 액자에는 '합불연경도서관'(哈佛燕京圖書館)이라고 쓰여져 있는데, 이것을 중국식으로 읽으면 '하버드 옌칭 도서관'으로 읽힌다고 한다. 연경(燕京, Yenching)은 오늘날의 베이징을 말한다.

　　'하버드-옌칭 도서관'의 건물에는 현재 도서관 외에, '하버드-옌칭 연구소'와 '동아시아 언어 및 문명'(East Asian studies) 분야 학과들이 입주하여 함께 사용하고 있다.

　　처음에 옌칭도서관은 1928년 '와이드너 도서관'에 있던 중국 컬렉션 4,500권, 일본 컬렉션 1,700권의 도서를 '하버드-옌칭 연구소'(Harvard-Yenching Institute)로 이전하면서, '하버드-옌칭 연구소' 내 '중일 도서관'으로 출범하였었다.

　　'하버드-옌칭 연구소'는 1928년에 하버드에서 중국과 일본 문제를 연구하는 하버드대

옌칭도서관 내부

부설기관으로 처음 시작되었는데, 지금은 동아시아문제를 연구하는 국제적인 연구소로 성장하여 미국의 동아시아 전문가와 동아시아 각국 출신의 전문 연구자들이 대거 근무하고 있다.

한국전쟁(1950.6.25.~1953. 7.27.)이 한창이었던 1951년에 한국 컬렉션을 추가하면서, 1965년에 Harvard-Yenching Institute의 '중일 도서관'이라는 이름도 도서관의 확대된 성격을 반영하여 '중일'을 떼어내고 '하버드-옌칭 도서관'(Harvard Yenching Library)으로 개명하였던 것이다.

그후 '하버드-옌칭 도서관'은 베트남전쟁(1955.11.1.~1975.4.30.)에서 미군이 철수한 1973년 베트남 컬렉션을 또 추가하고, 이어서 티베트어, 몽골어 및 만주의 출판물과 서구 언어로 발표된 논문 및 저널을 추가하였다. 현재 '하버드-옌칭 도서관'은 '와이드너 도서관', 로스쿨 '랭델 도서관' 다음으로 하버드대에서 세 번째로 큰 도서관으로 지하 2층, 지상 3층의 총 5개 층으로 되어 있는데, 서가나 열람실만 있는 것이 아니라 연구실과 강의실까지 함께 있는 건물이다.

뒷이야기 하나

'하버드-옌칭 도서관'의 한국관

'하버드-옌칭 도서관'의 한국관은, 하버드대에서 한국 관련 연구 활동을 하는 교수들을 지원하는 중요한 역할을 하고 있다. 지하 1, 2층에 한국 관련 자료들이 있는데, 서가 옆에 마련된 조그마한 사무실에서 한국관에 소속된 6명의 직원들이 근무한다.

한국 관련 단행본이 14만 권, 정기간행물 920종, 마이크로 필름 6,000여 점, 한국고서 3,800종, 북한서적 6,000권 등을 소장하고 있다. 1952년 북한에서 출간된 구보의 장편소설 '리순신 장군전' 등 귀중한 문화재급 고서들도 많다고 한다.

2005년에는 한국관 소장본 20만여 종 가운데에서 귀중본 3,850종만을 골라, 그것이 어떤 자료인지를 조목조목 해설한 목록집인 '하버드 연경도서관 한국 귀중본 해제'('하버드 燕京圖書館 韓國貴重本 解題', 전5권, 색인집 포함)가 경인출판사에서 출간되었다. 영문 제목은 'Harvard-Yenching Library Bibliographical Series'의 하나로서, 'The Annotated Catalogue of Korean Rare Books at the Harvard-Yenching Library, Harvard University'이다. 이 작업은 '하버드-옌칭 도서관'의 자금 지원하에, 윤충남 당시 한국관 관장이 총괄 진행을 맡고, 김성환 박사 등 한국에서 전문가 세 사람이 교대로 파견되어 공동 편저자로 참여하여 5년여의 작업 끝에 이뤄낸 쾌거였다.

2001년에는 윤충남 박사가 하버드 한국관의 역사를 정리한 '하버드 한국학의 요람'(The Cradle of Korean Studies at Harvard University)이 을유문화사에서 출판되기도 하였다.

7 _____ 하버드 로스쿨 (Harvard Law School)
: '법의 정신'은 인간에 대한 불신, 그것도 철저한 불신이다.

하버드 로스쿨은 하버드 메인 캠퍼스 중에서도 북쪽 'North Yard'에 있는데, 로스쿨 쪽으로 가려면, 일단 'Harvard Yard'에서 북쪽으로 올라가 'Meyer Gate'를 통과하여 the Plaza 광장 앞 'Science Center'를 찾아간다. 그런 다음에 'Science Center' 건물의 좌측을 지나 올라 가면 'Austin Hall'과 'Langdell Hall' Library가 나오는데, 거기서부터가 하버드 로스쿨 캠퍼스이다.

HARVARD LAW SCHOOL 표지석   출처: depositphotos.com

① 로스쿨 도서관, 랭델 홀(Langdell Hall)

하버드 로스쿨을 방문하는 사람은, 로스쿨 도서관 건물의 정면에서 16개의 거대한 이오니아식 석회암 기둥들이 영웅적으로 행진하고 있는 모습을 보게 되면 그 우람한 장관에 경탄하지 않을 수 없다.

하버드 전체 캠퍼스에서 웅장하기로 말하자면, '와이드너 도서관'과 '하버드 의대' 건물이 있고, 하버드 로스쿨의 도서관 '랭델 홀'이 그 다음으로 웅장한 건물이다.

도서관 건물의 좌측 상단 엔태블러처(entablature, 기둥 위에 건너지른 수평 보)에는 '랭델 홀, 하버드 로스쿨'(LANGDELL HALL HARVARD LAW SCHOOL), 우측 엔태블러처(entablature)에는 그레이, 에임스, 테이어, 스토리, 그린리프, 파슨스(GRAY, AMES, THAYER, SMITH,

하버드 로스쿨의 도서관 Langdell Hall

STORY, GREENLEAF, PARSONS) 등 저명한 로스쿨 교수와 대학원장들의 이름이 새겨져 있고, 중앙의 삼각형 페디먼트 밑 엔태블러처(entablature)에는 '사람 아래가 아니라, 하나님과 법 아래'(NON HOMINE SED SUB DEO ET LEGE)라는 라틴어 문구가 크게 새겨져 있다.

랭델 도서관은 남쪽의 Griswold, 북쪽의 Lewis 건물과 긴 복도로 연결되어 있고, Austin Hall 건물까지 이어지는 지하통로도 있어 눈이 오나 비가 오나 걱정 없이 왕래할 수 있다. 물론 하버드 로스쿨의 모든 건물들은 지하통로로 연결되어 있어 서로 왕래가 가능하다고 한다.

'랭델 홀'의 이름은, 1870년에 당시의 엘리엇 총장이 하버드 로스쿨을 뿌리

'Rule of Law' 정신이 새겨진 가로 돌판

Harvard Law School(HLS) 도서관

부터 개혁하라며 전권을 주고 임용한 전설적인 로스쿨 원장 '크리스토퍼 랭델'(Christopher Columbus Langdell)의 이름을 따서 지은 것이다.

1870년부터 1895년까지 25년간 하버드 로스쿨 원장에 재임했던 랭델은, 로스쿨생들에게 "법을 마치 움직이는 생물체처럼 여기고, 이론만이 아니라 실제 사례를 놓고 자기 손으로 파고들어 공부하라."고 요구하였다.

이러한 그의 Case Study 방식은 당시의 영미 법조계에 대한 도전이었을 뿐만 아니라, 법이란 무엇인지를 교수가 떠먹여 주듯 알려주기를 원했던 학생들로서는 상당히 불편한 일이었다. 그러나 그는 일반론적인 원칙에서 구체적인 법을 도출해내기보다, 구체적인 사례를 놓고 연구하는 귀납적인 사례 분석 연구(Case Study) 방법에 끝까지 집중하였을 뿐만 아니라, 강의실에서는 소크라테스식 문답법의 열렬한 지지자였다.

소크라테스식 문답 강의에서는, 일단 수업에 들어온 모든 로스쿨 학생들이 철저한 예습을 해왔을 것임을 전제로, 강의 시간에 교수가 무작위로 학생을 한 명씩 불러 세워, 관련 법률의 개념이 무엇이며, 제도의 취지가 무엇이냐, 판례의 사실관계는 어떠하며, 판결의 결론이 어떻게 났느냐, 그리고 그 판결에 대한 답변자의 개인 의견은 무엇이냐를 묻는다.

그런 식으로 언제 자신의 이름이 호명될지도 모르고, 혹여라도 대답을 잘못하여 감점되고 망신당하면 어쩌나 하는 건강한 불안감이 학생들로 하여금 밤 늦게까지 공부에 매달리도록 밀어붙인다.

하버드 로스쿨의 학생회관 앞

그리하여 Case Study Method와 소크라테스식 문답법은 오늘날 미국 로스쿨의 대세로 자리 잡았으며, '하버드 대학의 공부벌레들'(The Paper Chase, 하버드 로스쿨 동문 John Jay Osborn, Jr.가 쓴 1970년의 경험적 소설로, 1973년 영화화에 이어서 그 인기에 힘입어 59부작 TV드라마가 만들어짐)이라는 영화에 나오는 킹스필드 교수와 로스쿨 대학원생들 사이의 판례를 중심으로 한 불꽃 튀기는 소크라테스식 문답 강의는 지금도 유효하고, 랭델 도서관 열람실의 5~7단 서가에 빽빽하게 장착된 판례집들에서도 여실히 그 치열성을 엿볼 수 있다.

다만, 생성형 인공지능(AI)인 ChatGPT가 출현한 오늘날에는 실제 판례보다는 가상적인 사례를 만들어 놓고 그것에 대한 법률적인 해결책을 이끌어내기 위하여 함께 머리를 쓰는 쪽으로 바뀌어 가고 있다고 한다. 그래서 교수의 질문에 답변할 학생들의 차례나 패널(토론자)을 미리 정하기도 하고, 자신의 답변 차례가 되어도 잘 모르겠으면 'Pass'(통과)라고 말할 수도 있다고 한다.

어차피 똑똑함으로 치자면 자타가 공인하는 하버드 로스쿨생인데 겨우 반에서 내신 1등을 하자고 아웅다웅할 게 아니라 다 함께 최고가 되기 위해 어깨동무한다는 자존심 때문이기도 하지만, 소크라테스식 교수법이 판사 진출자나 법정 변호사들의 훈련용에 가깝지, 사내 변호사나 기업 자문 업무를 담당하는 변호사들에게는 별로 도움이 되지 않더라는 말들 때문이기도 하다.

또한 이제는 말로 떠들기보다 파워포인트 슬라이드를 이용하여 효율적으로 강의하는 교수들이 많아져서, 대부분의 학생들은 노트북 컴퓨터로 강의 내용을 정리하느라 정신이 없는데, 교실 밖에서 들으면 자판을 두드리는 소리가 마치 비 내리는 소리처럼 들리기도 한다.

하버드 방문객이라면 '하버드 로스쿨'을 안 가볼 수 없고, '하버드 로스쿨' 마당까지 갔다면 '랭델 홀 도서관'에 안 들어가 볼 수 없다. 특히 랭델 도서관 4층 남쪽 끝방에 가면 Elihu Root 열람실이 있는데, 이곳에는 희귀 재판기록, 희귀 도서, 육필 원고, 시각자료, 기타 법의 역사를 연구할 수 있는 역사자료들이 아주 잘 보존되어 있다.

이곳에는 2차 세계대전이 끝난 후 1945년~1949년의 5년간 13번의 재판을 열었던 나치 전범들에 대한 '뉘른베르크 군사재판' 기록 약 1,000,000쪽이 690개의 상자에 담겨 완벽하게 보존되어 있다. 정부에서 재판기록을 하버드대에 이관시켰기 때문이기도 하지만, 실제로 위 군사재판에 참여했던 군법무관들이나 변호인들이 하버드 로스쿨 출신들이 대부분이었기 때문에 그들이 개인적으로 소장하고 있던 자료들까지 나중에 모두 하버드 로스쿨에 기증하는 바람에 진귀한 자료의 보고가 된 것이다. 이 방대한 '뉘른베르크 군사재판' 기록은 그간 모두 전자문서화 하여, 지금은 일반인의 접근성이 더 쉬워졌다고 한다.

② **오스틴 홀**(Austin Hall)

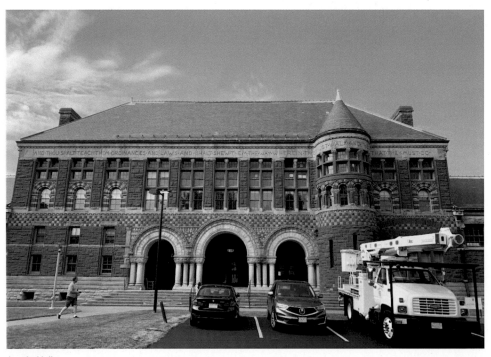

Austin Hall

'North Yard'의 초입 삼각지대에서 세모꼴의 넓은 광장을 앞으로 하고 남향으로 당당하게 지어져 있는 건물이, 하버드 로스쿨에서 가장 아름답고 장엄한 건물인 '오스틴 홀'(Austin Hall)이다.

1884년에 완공된 이 건물은 영감과 감동을 주는 건축의 명장 리차드슨(Henry Hobson Richardson)의 Romanesque 건축양식의 걸작인데, 마치 동화 속 초콜릿 왕자의 성과 같이 생겼다.

해운업과 철도업으로 대성한 Edward Austin이 1880년 어느 날, 자기보다 먼저 사망한 사랑하는 형제 '사무엘 오스틴'을 기념하기 위하여 하버드 대학에 기부를

Austin Hall의 내부

하고 싶다며 대학에 필요한 게 뭐냐고 물었다. 이에 Eliot 총장은 로스쿨에 건물이 필요하다고 말하였다. 그러자 Austin은 총장에게 자기는 법률가들을 혐오한다며 돌아섰지만, 얼마 후 "혐오스럽지 않을 법률가들을 키워내 달라."면서 막대한 건축자금을 보내왔다. 그래서 '오스틴 홀'의 지붕 아래 벽면에는, 출애굽기 18장 20절에 나오는 "그들에게 율례와 법도를 가르쳐 마땅히 갈 길과 할 일을 보이라"는 성경구절이 커다랗게 새겨져 있다.

"Teach them his decrees and instructions(=ordinances and laws), and show them the way they are to live and how they are to behave."(Exodus 18:20)

일이 벌어진 뒤의 사후 재판보다는 법률교육을 통한 사전 예방이 중요함을 강조한 구절이지만, '법의 지배'(Rule of Law)의 대상임과 동시에 운영자인 법률가들 자신부터 '마땅히 갈 길과 할 일'을 잘 배우라는 말일 것이다.

하버드 로스쿨의 심장이라고 불리는 고색창연한 '오스틴 홀'의 내부에 들어서면, 벽돌과 사암(砂岩, sandstone)의 섬세한 층을 이루는 복도의 아치와 기둥들의 연속으로 외부만큼이나 놀랍다. 사람의 마음을 압도하는 은은한 분위기가 뿜어져 나오고, 역사의 깊이까지 더해지면서 어느 고성이나 성당의 내부처럼 신성하게 느껴지기도 한다. 필자의 모교인

Amherst College와 Harvard 대학원의 동문 선배이자 필자의 하버드 대학원 지도교수이셨던 하버드 로스쿨 William P. Alford 종신교수님의 연구실이 이곳에 있었기 때문에 필자가 수시로 수없이 드나들며 추억이 많이 어린 건물이기도 하다.

첨단시설을 갖춘 '오스틴 홀'의 대형 강의실에는, 노란 오크나무 재질의 고급스러운 책상과 좌석들이 높이가 최고 12m에 달하는 계단식 강의실에 펼쳐져 있고, 강의실의 창문에는 길고 육중한 커튼이 드리워져 있으며, 벽에는 가발과 법복을 입은 선배 법조인들의 대형 초상화가 높이 걸려있다.

또한 T자형 '오스틴 홀'의 튀어나온 뒷부분 공간에는 '제임스 바 에임스 법정'(James Barr Ames Courtroom)이 위치하고 있다. 화려한 디테일의 장엄한 벽난로 장식과 선반 장식으로 치장된 거대한 재판정인 이곳에서는 유명한 에임스 모의재판(Ames Moot Court)이 열리곤 하는데, 결승전 때에는 미국 대법관들도 직접 참석할 정도로 권위가 있다고 한다.

'오스틴 홀'은 세계적인 법학 교수들이 세계적인 변호사와 협상가들을 탄생시키는 곳이기도 하다. 남의 일에 개입하여 시비를 가려야 하는 법률가는, 달갑지 않으나 피할 수도 없는 직업인데, 한 치의 오차나 오판이 없게 하기 위하여 오래된 선례와 새로운 판례들을 통하여 '정의'의 칼을 갈지만, 동시에 '구체적 타당성'과 '법적 안정성'은 물론 '자비로운 인간미' 사이에서 무엇이 옳은지, 어디까지이어야 하는지를 고민하며 균형을 잡아야 하기 때문에 하버드 로스쿨의 강의실에서는 항상 치열한 불꽃이 튄다고 한다.

한편 세계적으로 권위있는 '하버드 로 리뷰'(Harvard Law Review)라는 로스쿨생들이 주관하는 법률 학술잡지의 편집진이 된다는 것은 매우 명예로운 일인데, 로스쿨 1학년 2학기 기말고사 직후 1주일 동안 치러지는 치열한 '편집 및 글쓰기 대회'(editing & writing competition)를 성공적으로 마친 우수한 46명의 학생들이 여름에 편집인(editor)으로 선발된다고 한다.

Barack Obama   출처: Wikipedia

2009년부터 2017년까지 미국의 제44대 대통령이었던 버락 오바마(Barack Obama, 1961~)는 초년 고생 끝에 1988년 27세의 늦깎이 학생으로 하버드 로스쿨에 입학하였지만 'Harvard Law Review' 최초의 흑인 편집장을 지내고 변호사 시험에 합격하여 법조계, 법학계, 정계에 진출하여 대기만성하였다. 견디고 자란 나무는 우람하다.

③ 법학 종합관(WCC Complex)

Harvard Law School 법학 종합관 WCC 입구와 '하버드 로스쿨' 표지석(우측 하단)   출처: Wikimedia

WCC Complex는 로스쿨 단지의 최북단에 있는 최신식 대형 복합 건물로, 2012년 1월 3일에 개관한 'Wasserstein Hall', 'Caspersen Student Center' 및 'Clinical Wing'의 첫 글자를 따서 WCC라고 이름 붙였다.

하버드 로스쿨의 이 새로운 건물은, 전 세계에서 우수하고도 명민한 법학 전문 대학원생들을 선발하여 최고의 법률교육을 하기 위하여, 이론과 실무의 가교가 되도록 설계된 최신식, 최고급의 공간이다.

Robert AM Stern Architects가 설계한 250,000평방피트 규모의 이 법학관 건물은, 강의동 'Wasserstein Hall', 학생회관 'Caspersen Student Center', 법률상담소 'Clinical Wing'의 3개 건물이 하나의 복합체를 구성하면서, 새롭게 개조된 Harkness Commons와 완벽하게 연결되어 있다.

거기에다가 대규모 모임, 회의 및 지역사회 행사를 위한 다목적 공간인 새로운 Milstein Conference Center와 대형 지하주차장까지 포함되어 있다.

즉, 이 복합 법학관은 강의와 토론, 팀 워크를 극대화하기 위하여 만들어진 다양한 형태의 크고 작은 강의실을 갖추고 있는가 하면, 편안한 라운지와 식사 공간 그리고 로스쿨 학생 생활을 지원하는 학생회 조직 사무실, 각종 저널 편집 사무실, 행정 서비스를 위한 교무행정실, 무료 법률상담을 통하여 실무를 임상 실습할 수 있는 Legal Clinic, 그리고 700대의 차량이 한꺼번에 주차할 수 있도록 실내 로딩 도크가 있는 대형 지하차고 등이 모두 한 지붕 아래에 있는 복합건물이다.

이러한 훌륭한 종합건물의 신축이 가능하도록 흔쾌히 기부한 주요 기증자들은 Finn Caspersen('66 졸업 동문), Bruce Wasserstein('70 졸업 동문), Howard P. Milstein 및 Abby S. Milstein(각 '76 졸업 동문), William D. Walsh('55 졸업 동문), Steven J. Kumble('59 졸업 동문), Robert Haas('72 졸업 동문), 그리고 법무법인 Wachtell, Lipton, Rosen & Katz 등이다.

④ 와써스타인홀(Wasserstein Hall)

필자가 강의를 들은 로스쿨 강의실

'와써스타인 홀'(Wasserstein Hall)은 하버드 로스쿨의 125개 이상의 과목에 대한 강의가 진행되는 아카데믹 강의동 건물로, 다양한 형태의 수업을 할 수 있는 최첨단의 강의실이 설비되어 있다.

즉, 110명이 들어갈 수 있는 강의실 1개(Walsh 강의실), 86명이 들어갈 수 있는 6개의 강의실(Wachtell Lipton 강의실 포함), 70명을 수용할 수 있는 강의실 2개(Shearman & Sterling 및 Singer 강의실) 등이 있다. 넓은 강의실 주변으로는 36개의 소규모 학습실 및 세미나실이 있어 서로 쉽게 왔다 갔다 할 수 있다. 휴게실은 물론, 비공식적인 대화가 가능한 공동 공간까지 갖춘 이 건물은 로스쿨생들이 대화식의 팀 기반 법률가의 경력을 쌓을 수 있는 완벽한 환경이다.

더 나아가, 리크루팅(Recruiting, 채용)을 원하는 전 세계의 법률회사들이 언제라도 하버드 로스쿨에서의 프로그래밍, 이벤트, 화상회의 또는 1:1 상담 세션 등을 통하여 하버드 로스쿨 학생들을 면접하고 채용하는 데에, 이 새롭고 훌륭한 공간을 저렴하고도 유용하게 사용할 수 있도록 편의를 제공한다고 한다.

사실 이 건물이 생기기 전까지만 해도, 대형 로펌(Law firm, 법무법인)들이 하버드 로스쿨생에 대한 Recruiting을 위하여 막대한 비용을 들여 하버드 캠퍼스 부근에 있는 찰스 호텔, 쉐라톤 커맨더 호텔과 같은 고급 호텔의 스위트 룸에 진을 치고, 9월 말부터 10월 중순까지 약 3주간 인터뷰를 진행했었다.

⑤ 캐스퍼슨 학생회관(Caspersen Student Center)

Caspersen Student Center Lounge   출처: Wikimedia

이전에 있던 Harkness Commons를 통합한 'Caspersen 학생회관'은, 식당과 카페, 바, 1 층의 Robert B.와 Candice J. Haas Lounge, 비공식 모임을 할 수 있는 공간 등이 있어, 로스쿨 학생들이 수업이 끝난 후 또는 수업에 들어가기 전 빈 시간에 잠깐 쉬거나, 먹고 마시고, 친구들과 미팅을 하거나, 읽고 쓰고 수업을 준비할 수 있는 편안한 거실 같은 공간이다.

또한 Student Center라는 이름답게 학생회장 사무실, 학생 단체, 각종 저널 등 학생활동을 할 수 있는 사무실들이 모여 있는 건물이기도 하다.

⑥ 임상 법률상담소(Clinical Wing)

임상 법률상담소(Clinical Wing)는, 로스쿨 학생들이 실제 사건에 임하여 직접 듣고 상담하며 조언해 줄 수 있는 무료 법률상담소로서, 로스쿨생들이 실전에 임하여 '문제해결'(Problem Solving) 능력을 연마하며 법률 실무 경험도 쌓고 공익봉사 활동에도 참여할 수 있는 기회를 제공한다.

Clinical Wing은 이러한 '리걸 클리닉'(Legal Clinic)을 같은 공간에 모아, 임상 교수, 학생 및 교직원 간에 협업을 촉진하고, 문제가 복잡한 고객에게 종합적인 법률 서비스를 제공할 수 있도록 마련한 건물(Wing은 본체 건물로부터 한쪽으로 돌출되게 지은 부속건물(棟)을 말함)이다.

혹시 클리닉(Clinic)이라는 이름 때문에 병원 진료소로 오해해서는 안 되겠다. 미국에서는 법률상담소를 Legal Clinic 또는 Legal Information Center라고 하기 때문이다.

무료 법률상담소인 'Clinical Wing'은 '대면 상담'뿐만 아니라 '화상 회의'가 가능한 최첨단 오디오 및 비디오 장비를 갖춘 '인터뷰 룸'이 있어, 보스턴 지역은 물론, 미국 전역 및 전 세계로까지 영역을 넓혀 법률업무를 지원할 수 있다.

Clinical Wing에서는 인권법, 이민 및 난민법에서부터, 교통사고 법률, 임대차 관련 법률, 이혼 클리닉, 유언, 상속, 후견, 기타 생활법률, 그리고 교육법 및 환경법에 이르기까지 28개의 클리닉과 로스쿨생 실습그룹이 구성되어 있어, 전국 로스쿨 최대의 무료 법률상담소를 운영하고 있다. 무료법률상담을 통하여 학생 때부터 실무능력을 키울 수 있기 때문에 Clinic은 로스쿨에 매우 유용한 기관이다.

기본적으로 하버드의 전문대학원은 교양이나 순수학문 연구를 위한 상아탑이 아니다. 전문대학원은 실용적이고 실무적인 능력을 가진 확실한 전문가를 양성하는 것이 목표이다. 법률, 기업경영, 정부운영, 교육, 의료 등 하버드의 전문대학원 교육내용의 공통점은 유능한 '문제해결 능력'을 개발하는 데에 있다.

특히 당사자의 재산과 신상 문제에 직결되어 있는 법률가에 대한 로스쿨 교육의 핵심은 '문제해결'(Problem Solving) 능력을 키우는 데에 집중되어 있다. 문제를 해결하는 방법을 찾아내되, 타의 추종을 불허하는 차별성이 있는 능력이어야 한다(Make a difference)는 것이다.

뒷이야기 하나

왜 하버드 로스쿨의 상징 문장은 한동안 빈칸이었나?

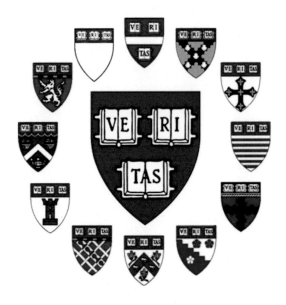

하버드대 12개 대학원의 상징 문장

하버드대학교의 12개 대학원에는 저마다를 상징하는 그림이 그려져 있는 방패 문장(紋章)이 있다. 그런데 한동안 하버드 로스쿨만 그림이 비어 있었다. 하버드대 로스쿨이 약 80년 동안 사용해 왔던 방패 문장(紋章)을 2016년에 폐기하였기 때문이다. 종전의 방패에는 노예제의 피눈물이 어린 곡식 다발이 그려져 있어 인권의 보루인 로스쿨을 상징하기에는 매우 부적절하다는 비판을 수용한 것이었다. 1937년 공식 채택됐던 로스쿨 방패 문장은, 학교의 표어인 '진리'(VERITAS)라는 라틴어 문구 아래 하버드대가 첫 법학 교수를 채용할 때 가문의 재산을 기부해 로스쿨 탄생을 도운 인물인 '아이작 로열 주니어' 가문의 문장에서 차용한 세 묶음의 밀 수확물 다발이 그려진 형태였다.

그런데 문제는 그의 아버지가 카리브해에 있는 설탕 노예농장과 매사추세츠주의 밀 노예농장을 통하여 부를 일궜다는 것 때문에, 노예노동의 산물인 세 묶음의 밀 수확물 다발이 그려진 로스쿨 문장의 폐기 운동이 벌어졌던 것이다.

폐기된 하버드 로스쿨 문장   하버드 로스쿨의 새로운 문장 VERITAS
(LAW&JUSTICE)

  하버드 로스쿨이 2020년부터 새로운 문장을 결정하기 위하여 노력한 결과, 현재는 새로운
문장을 채택함으로써 그간의 아쉬웠던 공백을 채우게 되었다.
  한편, 2016년 하버드대 당국은, 기숙사 관리인을 가리키는 '사감'(House Master)이라는 용어
도 노예제를 연상시켜 부적절하다는 지적에 따라, '교수 처장'(Faculty Dean)으로 변경하였다.

뒷이야기 둘

대다수가 J.D. 과정인 하버드 로스쿨의 또 다른 LL.M. 및 S.J.D. 과정은?

하버드 로스쿨의 'LL.M. 과정'은, 이미 본인의 나라에서 법학사 학위와 법조계 경력이 있는 해외 법률가들을 위한 1년짜리 단기 석사학위 과정으로 학업 부담이 크지 않다.

입학을 위해서는, 학부 성적증명서와 2년내 취득한 토플(TOEFL) 점수(인터넷 기반 최소 100점 이상), 그리고 대학 시절 지도교수 및 업무 관련자의 추천서를 각 1통씩 제출하면 된다.

LL.M.이란 용어는 라틴어로 법학석사(Master of Laws)를 의미하는 Legum Magister의 영어식 약어이다. 라틴어에서는 단어의 복수 형태는 문자를 반복 기재함으로써 축약된다. 즉, 라틴어 Legum은 lex(법률)의 복수 형태이므로, 이를 영어로 표현하자면Legum=Laws이고, Laws를 라틴어식 줄임말로 표기한 것이 LL.인 것이다. 요컨대 LL.M.= Master of Laws(법학석사)이다.

한편, 하버드 로스쿨의 'S.J.D. 과정'은 주로 해외의 법학자들이 유학을 통해 취득하고자 하는 학문적 법학박사 학위 과정이며, 입학 경쟁이 치열하다고 한다. S.J.D. 과정은 하버드에서 LL.M. 과정을 졸업한 학생들 위주로 선발하고 있기 때문에 먼저 하버드 LL.M. 과정에 지원하여 성공적으로 이수하는 것이 필수이다. 즉, 50쪽 이상의 LL.M. 논문이 작성돼 있어야 하고, 학업성적이 우수해야 한다.

S.J.D. 과정에 입학하면, 우선 1년간 하버드대에 거주하며 특정 연구 분야에 관한 독자적인 연구계획을 세우고 나서, 전체 지도 교수진 앞에서 2시간에 걸친 엄격한 구두시험을 치러야 한다.

구두시험에 통과되고 나면 논문 단계로 넘어가는데, 이때부터는 굳이 하버드대에 거주하도록 강요하지는 않기 때문에 귀국하여 연구할 수도 있겠으나, 어쨌든 구두시험 합격 후 3년 내에 논문을 완성해야 한다. 열심히 학위논문을 써 나가면서 자기가 연구한 내용에 대하여 SJD Colloquium(학회)에서 2번의 발표를 해야 하는데 첫 번째 발표는 28개월 내에, 두 번째 발표는 나머지 8개월 내에 마쳐야 한다. 완성한 박사학위 논문을 제출하여 수락을 받고 나서는, 논문의 구두 방어 등 나머지 요구 사항을 완료해야 최종적으로 박사학위를 취득하게 된다. LL.M. 1년 과정부터 생각하면 최소 5년은 걸려야 하버드 법학박사(SJD)가 될 수 있는 셈이다.

뒷이야기 셋

법률 기능공이 되지 않으려면?

하버드 로스쿨의 원장이었던 헨리 로소브스키 교수는, 단순한 법률 기능공이 아니라 인간을 알고 세상물정에 밝은 균형잡힌 법률가가 되기 위하여 다음과 같은 자질을 갖춰야 한다고 가르쳤다.

- **겸허한 자세**: 자기를 과대 평가하여 어이없는 짓을 하지 않도록, 겸손한 자세를 가져야 한다.

- **공감능력**: 인생의 본질에 대하여 깊이 통찰하여, 인간을 이해할 수 있는 공감능력을 갖추어야 한다.

- **유연성**: 자기 확신의 아집에 빠지지 말고 다양한 타인의 눈치도 살피며, 변화하는 시대상황에 적응할 줄 알아야 한다.

- **비판정신**: 안이한 기득권과 고정관념을 버리고, 사회의 여러 가지 현상에 대하여 무엇이 진상에 더 가까운지 비판적으로 뒤집어보는 능력을 길러야 한다.

- **넓은 시야**: 법학 이외의 다양한 분야를 폭넓게 공부함으로써 좁은 소견에서 벗어나 보다 넓은 시야를 가질 수 있어야 한다.

하버드 로스쿨의 '랭달 도서관'

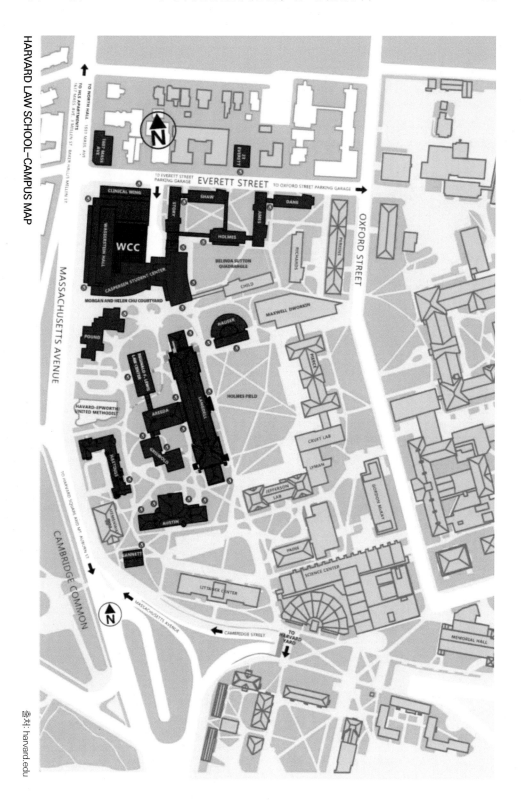

Harvard Campus

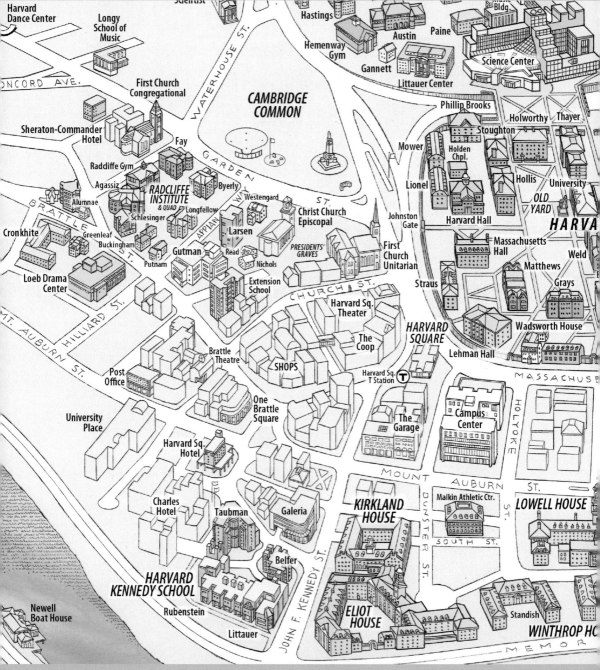

하버드 캠퍼스 안팎에 얽힌 이야기들

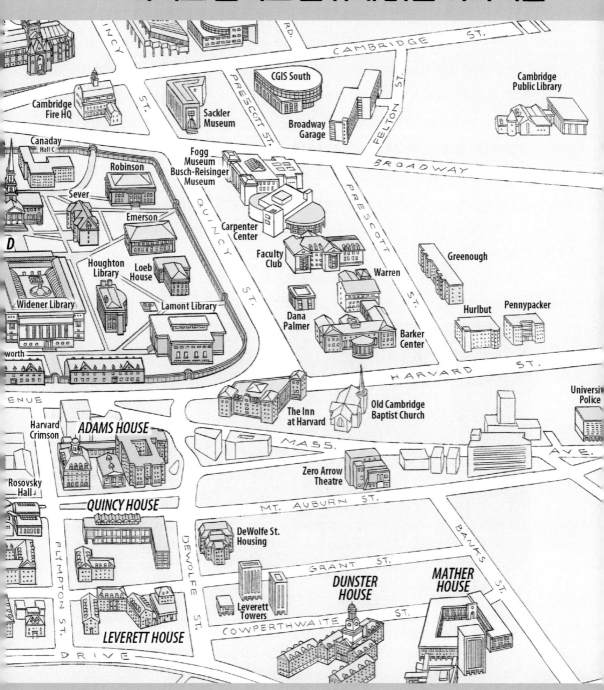

1_____ 신입생 기숙사
: 병아리처럼 애지중지 돌보아지는 하버드의 1학년 신입생들

하버드에는 신입생 기숙사들이 별도로 존재한다. 즉, 1학년들만 따로 모아 살게 하고, 2학년부터 4학년까지의 상급생들은 별도의 기숙사에서 생활하게 된다.

미국에서는 일찍이 Amherst College, Williams College와 같은 명문 Liberal Arts College(학부 중심, 자유전공 인문교양 대학)에서 학생들이 4년 내내 기숙사 생활을 하도록 하는 '레지덴셜 칼리지'(Residential College) 제도를 시행하여 큰 성과를 거둬왔다. 강의동 건물 바로 옆이나 도서관 바로 옆 등 캠퍼스 곳곳에 수많은 기숙사 건물들이 산재하여 학생들이 등·하교할 필요 없이 집에서처럼 생활하며 공부에 전념할 수 있게 했기 때문이다.

그러자 Amherst College등 Liberal Arts College 출신들이 대거 대학원에 진학하는 Harvard, Yale, Princeton과 같은 Ivy League 종합대학교에서도 이를 본받아 전교생이 의무적으로 2~4년간 기숙사 생활을 하도록 Residential College(RC, 기숙형 대학) 제도를 정립하였다.

특히 하버드에서의 Residential College는 단순히 잠만 자는 숙소 제공 기숙사가 아니다.

1학년 기숙사에 입주할 신입생들의 오리엔테이션이 한창이다

Living과 Learning이 결합된 공동체적 단과대학이다. 사감인 교수 처장(Faculty Dean)과 생활지도 교수, 상담과 학습 도우미인 선배 Tutor들까지 24시간 함께 지내며, 기숙사 학생들이 고된 공부의 스트레스에 지치지 않도록 도와주면서도 이 모양 저 모양으로 멘토링을 함으로써 공동생활의 에티켓과 인간관계를 맺는 지혜와 요령을 배우게 한다.

더 나아가 인성 함양과 리더십 연마를 목표로 각 기숙사별로 당대의 저명인사들을 초빙한 특강(예컨대, 하버드 부자학 강의 등)을 개설하여 교양과 견문을 넓히고, 정보의 공유, 공동과제의 해결, 체육행사와 축제 등 과외활동을 통하여 인맥을 형성하고, 전인교육이 가능하도록 프로그램과 이벤트, 환경을 조성한다.

하버드대학교의 1학년 신입생들은 '하버드 야드' 울타리 안에 있는 '올드 야드'(Old Yard) 주변의 13개 기숙사, 외부에 있는 4개의 기숙사, 합계 17개의 신입생 전용 기숙사 건물에 입주하여 1년간 생활하며 보호받게 되어있다.

하버드에 합격되면 Ivy Yard, Oak Yard, Elm Yard, Crimson Yard라는 4개의 그룹별 주거지역 중 어느 한 곳의 기숙사에 무작위로 배정되는데, 합격자가 9월 첫 학기 수업에 임하기 위하여 하버드에 도착하기 전인 7월 말 또는 8월 첫째 주에 각자에게 배정된 숙소가 어디인지 이메일이 발송된다.

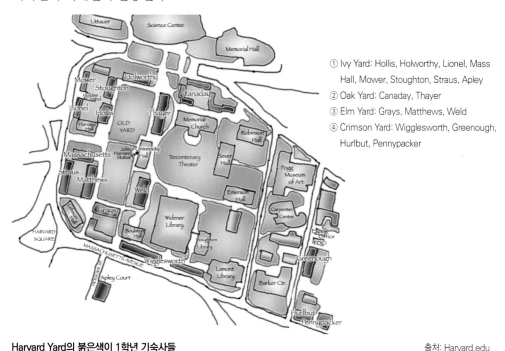

① Ivy Yard: Hollis, Holworthy, Lionel, Mass Hall, Mower, Stoughton, Straus, Apley
② Oak Yard: Canaday, Thayer
③ Elm Yard: Grays, Matthews, Weld
④ Crimson Yard: Wigglesworth, Greenough, Hurlbut, Pennypacker

Harvard Yard의 붉은색이 1학년 기숙사들   출처: Harvard.edu

Ye Faculty Vetoes ye Smokinge.

출처: A Story of Harvard

신입생 3~6명의 학생들이 함께 생활하게 되는 기숙사의 주거공간에는 2~4개의 침실이 있는 '스위트 룸'과 공동으로 사용하는 '휴게실 겸 공부방'이 있다. 일부 룸에는 전용 욕실과 화장실이 있지만, 대부분은 다른 스위트와 함께 욕실, 화장실을 공유하게 된다. 말하자면 학생들은 특정 침실이 아닌 하나의 '스위트 룸'에 배정된다고 생각하면 된다.

또한 기숙사에서는 20~40명의 학생이 한 개 층(복도식) 또는 하나의 출입계단(계단식)을 공유하며 친밀한 주거 공동체의 일원으로 생활하게 된다. 물론 모든 기숙사와 '하버드 야드' 내에서는 금연이다.

기숙사 내 한 개 층에 남녀가 같이 생활하지만, 하나의 '스위트 룸'에서는 남자는 남자 동급생끼리, 여자는 여자 동급생끼리 생활하는데, 혹시라도 그런 성별에 관계없이 같은 방에서 남녀가 함께 살고 싶은 학생이 있다면 학교 당국에 특별히 신청하여 Gender-Inclusive 방을 배정받을 수 있는 옵션이 있기도 하다고 한다.

식사는 삼시세끼를 'Annenberg Hall'이라는 웅장한 신입생 전용 식당에서 무제한으로 제공받는다. 먹는 일은 정말 중요한 일이라는 사실을 하버드는 이미 개교 당시인 1638년의 인색했던 Eaton 교장(Schoolmaster)이 쫓겨나면서 깨달은 바가 있기 때문에, 학생들에게 좋은 잠자리와 함께 무조건 잘 먹이려고 노력하고 있다.

병아리처럼 보호받던 1학년 학생들은, 가을학기를 마친 이듬해 3월 초경이 되면 추첨을 통하여 12개(River House 9개, Quad House 3개)의 상급생 기숙사(House) 중 어느 하나에 무작위로 배정되어, 2학년부터는 Harvard Yard의 울타리 바깥으로 떠나가게 되어 있다. 그리고 그때부터는 동급생끼리만 옹기종기 사는 게 아닌 2, 3, 4학년이 함께 뒤섞여 다이내믹한 생활을 하게 된다.

뒷이야기 하나

하버드에서 장학금은 어떻게 받는가?

미국 대학의 Scholarship(장학금) 제도를 세분화하면 다음과 같다.

① 성적이 우수한 학생에게 주는 성적 장학금(Merit-based Scholarship)

② 경제적으로 어려운 학생에게 주는 학자금 보조 장학금(Need-based Scholarship)

③ 학자금 대출(loan) 및 근로 장학금(employee) 등 유상 지원금

그중 성적 장학금과 학자금 보조 장학금을 합하여 재정지원을 해주는 것이 FA(Financial Aid)인데, 주로 가정 형편이 어려운 우수 학생들에게 가정으로부터 지원이 부족한 학비·생활비 부분을 연방정부나 주정부, 대학기금에서 재정지원해 주는 것이다.

특히 Harvard·Yale·Princeton·Dartmouth·MIT·Amherst 등 최상위 대학 6곳은 FA 신청에 따른 불이익이 전혀 없다. 이 6개 대학은 입학요강에 'need-base & need blind' 원칙을 분명히 명시해 놓고, FA(재정지원) 신청과 입학사정을 연계시키지 않는다.

즉, 성적·에세이 등에 따라 지원자의 합격·불합격을 먼저 결정하고, 그 다음 단계로 합격생 중 FA를 신청한 학생들에게 각 가정 여건에 따라 학자금을 보조해 준다.

원래 미국인의 세금으로 운영되는 연방정부나 주정부에서는 국제학생들에게는 FA를 지원해 주지 않지만, 자체 기금이 풍부한 Harvard·Yale·Princeton 등 아이비리그를 포함해 Amherst College 등 대부분의 상위권 대학들은 외국 유학생들에게도 FA를 준다.

FA를 지원할 때 가장 중요한 요소는 '부모의 연봉'이 얼마나 되는가 하는 것이다. 그와 함께 자가 주택 소유 여부, 부모의 나이, 가족 수, 교육비 수준, 특별한 경제상황 등이 함께 고려된다.

일반적으로 1년에 필요로 하는 등록금과 기숙사비 등 총비용에서 (부모의 자산 내역에 따라 각 대학별 공식을 이용해 산정한) 가

'신입 2023학번 환영!'이라고 쓰여진 배너(2023년에 졸업하는 학번)

공부만 잘하면 돈 없이도 유학할 수 있다

정분담금을 뺀 나머지 금액을 FA로 지원해 준다.

부모의 경제력이 연약할수록 재정지원금이 커지므로, 부모의 경제적 능력이 좋지 않더라도 자기가 재능이 뛰어나고 공부를 잘하면 돈 걱정 없이 하버드대를 다닐 수 있다.

해외 유학생에 대한 FA 정보를 찾아볼 수 있는 사이트로는 SAT시험을 주관하는 칼리지보드 (www.collegeboard.com), IEFA(International Education Financial Aid) 사이트가 있다. collegeboard 에서 해당 대학 이름을 치고 들어가 국제학생(For International Student) 메뉴를 검색하면, 매년 각 대학교 측이 제공하는 FA 규모가 나와 있다.

2 _____ 상급생 기숙사
: 하버드의 멋진 기숙사에서 해리포터가 되어보기

하버드대의 신입생들은 17개의 기숙사('Old Yard' 교내의 13개 기숙사, 외부에 있는 4개의 기숙사)에서 생활하고, 2학년 이상 상급생들은 12개의 상급생 Housing(9개의 River House와 3개의 Quad House)에서 생활을 하고 있다.

물론 대학원생들의 기숙사는 따로 있다. 로스쿨, 비즈니스 스쿨, 메디컬 스쿨, 인문과학대학원 등의 독립된 기숙사도 있지만, 찰스강을 바라보고 있는 'Peabody Terrace'처럼 가족과 함께 생활하는 석박사 과정 대학원생을 위한 아파트형 기숙사 고급 Studio(원룸형 오피스텔)도 있다

그중에서도 찰스강변의 레지덴셜 칼리지(Residential College, 기숙 학교)의 장엄한 조지아 부흥 양식으로 지어진 건물들의 파노라마는 세계 어느 대학에도 없는 장관이다.

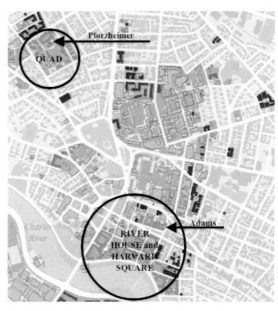

위·아래 동그라미 부분이 상급생 기숙사 지역 출처: Harvard.edu

하버드의 Residential College는 흔히 River House라고 불린다. 1638년에 지어진 하버드

필자의 아파트에서 촬영한 찰스강변 Harvard River House의 여름과 겨울 풍경

A Student's Room in 1720.

출처: A Story of Harvard

대학교의 첫 건물의 별명이 'The House'였고, 영국의 옥스포드나 케임브리지의 가장 오래된 건물 역시 'House'라 부르기 때문에, 하버드도 College를 House라고 부르기 시작한 것으로 추측한다.

1936년, 하버드는 교육 시스템을 전교생이 의무적으로 학교 기숙사에 입소해야 하는 레지덴셜 칼리지(Residential College, 기숙 학교) 체제로 개편하면서 1:1 멘토링 교육방식인 튜토리얼(Tutorial) 제도를 도입하였다.

대부분의 학생들은 열악한 교내 기숙사에서 옹색하게 지냈지만, 부유층 학생들은 학교 앞 Mount Auburn Street에 있는 고급스러운 '골드 코스트'(Gold Coast, 지금의 Adams House가 있는 지역)의 벽돌 건물에서 뜨거운 물이 콸콸 나오는 대리석 욕조 등 고가의 시설이 built-in된 개인 임대용 아파트를 임차하여 거주하고, 사적 클럽을 결성하여 오직 클럽 맨들 끼리끼리 어울리며 꽤나 괜찮은 식사를 했다.

하버드의 빈부 양극화 문제를 보다 못한 헨리 리 히긴슨(Henry L. Higginson, Boston Symphony Orchestra 소유주, 1855년 졸업동문)이 나서서 지금까지 소수의 클럽맨들만이 누렸던 종류의 사회적 경험을 다수의 평범한 학생들에게도 제공하기 위해 1900년에 '하버드 Union'을 설립하였다.

그러나 Gold Coast에 거주하는 브라만 계급들은 이를 본체만체하였고, 그들 부잣집 도련님들이 주최하는 클럽의 파티에는 여전히 여학생들로 문전성시를 이루었다.

1909년 Abbott Lawrence Lowell 교수가 엘리엇 총장에 이어 하버드의 새로운 총장이 되자, 이러한 빈부 격차 문제를 근본적으로 허물고 다양한 학생들 간의 교류와 접촉을 촉진하는 장치로 전교생이 의무적으로 학교 기숙사에 입소해야 하는 Residential College(기숙학교)를 구상했으며, 막후에서 구체적으로 일을 추진하기 시작하였다.

마침 찰스강의 댐 건설로 찰스강변이 재정비되어 너른 토지가 조성되자, 로웰 총장은

Claverly Hall, 최초의 고급 Gold Coast 임대 기숙사 출처: Wikipedia **Adams House에서의 파티**　　　　　　출처: Harvard University

동창회 명의로 지역 부동산업자를 통해 강변에 있는 토지들을 기존 목조주택들이나 다세대주택들과 함께 대거 사들였다. 이로써 강변의 기숙사를 위한 7에이커(축구장 3개 반 넓이)가 넘는 부지를 마련할 수 있었다. (참고: 1 acre＝4,047㎡＝1,224평)

부지를 확보한 다음 Residential College(기숙 학교)의 건축에 대한 자금 지원이 필요했을 때, 뜻밖에도 Harkness라는 자선사업가가 로웰 총장을 돕게 된다.

1928년 수수한 차림의 하크네스는 약속도 잡지 않고 문득 하버드 총장실을 찾아와 로웰의 비서에게 명함을 건네주며 총장을 만나러 왔다고 하였다. 약간 놀란 로웰이 보스턴 신문사의 지인에게 전화하여 하크네스에 대해 알아보고는 크게 놀라 황급히 그를 안으로 들어오게 하였다. Standard Oil의 대주주로서 백만장자인 Edward Stephen Harkness는 "하버드에 상급생을 위한 'Honor College'를 지어볼 생각이 없느냐?"고 물었다. Lowell 총장이 그 제안을 수락하기까지 약 10초정도 걸렸다. 로웰은 서랍을 열고 기숙학교 건설 서류 뭉치를 꺼내 보이며 "우리 생각이 바로 그 생각이다."라며, 건축비로 1,150만 달러 정도가 들 것이라고 이야기하였다. 하크네스는 바로 그 자리에서 하버드에 1,150만 달러(당시 돈으로 약

Abbott Lawrence Lowell 총장 출처: Wikipedia

Edward Stephen Harkness   출처: Wikipedia

138억 원)를 기부한다. 당초 그의 복안은 300만 달러를 제안하는 것이었다고 한다. 역시 손을 크게 벌리며 준비된 자에게 기회의 문이 크게 열리는 법이다.

Edward Stephen Harkness(1874.1.22.~1940.1.29.)는 St. Paul's School, Yale College(1897년 졸업), Columbia Law School 출신의 미국 변호사로, Rockefeller와 함께 Standard Oil에 대한 초기 투자로 부를 쌓은 아버지 Stephen V. Harkness에게서 14세에 상속재산을 물려 받아 석유왕 Rockefeller, 철강왕 Andrew Carnegie, 금융왕 George Fisher Baker 등과 나란히 이름이 오를 정도의 대부호가 된 사람이었다. 이런 부를 가진 그는 젊은 시절 얼마간의 직장생활을 경험한 끝에, 매달 월급을 벌기보다는 가진 돈을 선하게 쓰다 가는 게 낫겠다 싶어 풀타임 자선사업가로 사회에 기여하며 살아가기로 결심했다.

Harkness는 영국의 Oxford와 Cambridge의 Residential College Systems을 둘러보고 온

Charles River 강변에 위치한 하버드 기숙사 River Houses   출처: Kris Snibbe/ Harvard University

야경에 젖어드는 찰스강변의 학부생 및 대학원생 기숙사들 모습(중앙의 세 채가 Peabody Terrace)

후, 모교인 예일대 총장에게 Yale의 학부에도 유사한 시스템이 시행될 수 있도록 기숙사 건립 자금을 지원해 주겠다고 제안하였다. 하지만, Yale Corporation이 1928년이 되기까지 몇 년간 Harkness의 제안을 받아들이지 않고 미적거리자 Harkness는 똑같은 제안을 가지고 하버드로 찾아갔던 것이다. 그런데 Harvard의 총장이 10초도 안 되어 재빠르게 이를 받아들이자 크게 기뻐한 Harkness의 아낌없는 지원에 힘입어 1931년 하버드대학교에 8개의 House가 완성되기에 이른다.

그러나 로웰 총장의 전교생 기숙사 입소라는 급진적인 계획은 찬성과 반대를 불러일으켰다. 부유층 클럽 맨들은 분개했고 하버드의 전통적인 유연성의 상실을 한탄했다. 일반 학생들도 비판적이었다. 그들은 옥스포드에서 적용되었던 학업적 가택 연금의 관행과 같은 기숙학교 규율을 두려워했다. 교수진에서도 Harvard가 더 천천히 움직여 일부만 먼저 시행해본 후 단계적으로 적용해야 하는 것 아니냐는 신중론이 나왔다.

그럼에도 불구하고 하버드의 초대 총장의 이름을 딴 Dunster House와 현 총장의 이름을 딴 Lowell House의 두 기숙사는 1930년 가을에 입주를 위해 문을 열었고, 나머지

Kirkland House, Eliot House, Winthrop House, Leverett House 등은 모두 1931년에 입주를 하게 된다.

지금 돌이켜 보면, 이때 밀어붙여 시스템을 적용시키지 않았더라면 Harvard River House는 요원한 일이 되고 말았을 것이다. 로웰 총장은 1933년에 76세의 나이로 은퇴하였고, 1929년 10월 월스트리트 주가폭락(the Wall Crash)으로 촉발된 세계 대공황과 그 여파로 이어서 제2차 세계대전(1939~1945)이 터졌기 때문이다.

즉, 세계 대공황은 제1차 세계대전(1914~1918) 후 정부 관료들이 시장만능주의에 젖어 무사안일적 방임주의로 일관하다가 한 순간에 와장창 경제가 붕괴한 사건인데, 몇 년만 늦어졌다면 하버드대의 거창한 House 플랜은 진행되기 불가능했을 것이다.

뒷이야기 하나

제비뽑기로 입주가 갈리는 각양각색의 상급생 기숙사들

2, 3, 4학년 3년 동안 집처럼 살게 될 House는 어떻게 입주하게 되는가?

1학년 학생들은, 가을학기를 마친 이듬해 3월 초 무렵이 되면 추첨을 통하여 12개(River House 9개, Quad House 3개)의 상급생 기숙사(House) 중 어느 하나에 무작위로 배정된다.

매년 봄방학 전 목요일 'Housing Day'(기숙사의 날)이 되면, 오전 9시에 상급생 기숙사 소속 선배들이 각자의 기숙사를 상징하는 고유한 의상을 차려 입고 신입생 기숙사를 찾아와 향후 3년 동안 거주하게 될 House가 어디로 배정됐는지 알려주며 각자의 기숙사 환영행사에 초대한다.

상급생 기숙사 상징문장 (단, Kirkland 기숙사 문장은 변경되었음. 이하 Kirkland 설명 참고)

단과대학이 없는 하버드대에서는 이 12개의 상급생 House가 바로 단과대학 역할을 한다고 봐도 과언이 아니다. 평생의 동창 인맥도 대부분 이 기숙사 House에서 맺어진다. 이 12개의 상급생 Housing에는 침실뿐만 아니라 자체 식당, 도서관, 체육관, 라운지, 오락실 등 다양한 편의시설을 갖추고 있으며, 각자의 고유한 문장(상징 표지) 방패, 마스코트와 색상, 전통을 가지고 있다.

이들 상징 문장, 방패들은, 각 기숙사 자체 의견을 반영하여, '문장, 문양 및 졸업증서 디자인 위원회'(the Committee on Arms, Seal, and Diplomas) 소속의 디자인 전문가인 하버드 동문 피에르 드 차이뇽 라 로즈(Pierre de Chaignon la Rose, A.B. 1695)에 의하여 디자인되었다.

① The Lowell House shield

Lowell 총장 가문의 문장에서 유래한 로웰 하우스의 방패는, 로웰 종탑의 색과 같은 파란색 바탕에 세 개의 화살을 움켜잡은 모습이 그려져 있는데, 마키아벨리의 시에서 인용한 "쏜살같은 기회를 포착하라"는 의미의 모토를 형상화한 것이라고 한다.

Lowell House   출처: Wikipedia

② Dunster House shield

던스터 하우스의 방패는, 디자이너가 하버드 초대 총장인 Henry Dunster 목사를 기리기 위해 영국의 던스터 가문의 문장을 검색했는데, 의도치 않게 잘못된 문장을 기반으로 디자인이 되고 말았다고 한다.

Dunster House

③ Eliot House shield

엘리엇 하우스를 상징하는 방패에는, 은색 바탕을 가로지르는 붉은 색 띠
의 위 아래를 흐르는 한 쌍의 파란색 물결 모양이 새겨져 있다. 하버드 최장
수 총장인 Charles William Eliot 가문의 문장을 기반으로 디자인되었다.

Eliot House   출처: Wikipedia

④ Kirkland House shield

커클랜드 하우스의 방패는, Kirkland 총장(1810~1828 재임)의 이름만 따
왔을 뿐, 1931년 기숙사가 개관됐을 때 디자이너 Pierre Rose가 완전히 새
로운 도안을 창작해냈다.

붉은 바탕은 대학을 의미하며, 세 개의 실버 스타는 커클랜드 기숙사의 많
은 구성원들을 의미한다고 한다.

다만, 기존 방패는 남북전쟁 당시의 남부군 깃발의 냄새가 난다는 의심 때문에 변경 의견이
우세하였고, 결국 2020년 3월 6일 공식적으로 위의 새로운 방패로 변경되었다.

Kirkland House   출처: Wikimedia Commons

⑤ Winthrop House shield

윈스롭 하우스는 매사추세츠 베이 식민지의 초대 주지사 John Winthrop과 그의 후손으로 하버드대 수학 및 철학 교수이자 하버드대 총장(1773.~1774. 재임)이었던 John Winthrop을 기념하여 세 개의 갈매기 모양(chevron)과 검은 사자가 새겨진 윈스롭 가문의 문장에 기반하여 디자인되었다.

Winthrop House   출처: Wikipedia

⑥ Leverett House shield

레버렛 하우스의 방패는 Leverett 총장(1708.~1724. 재임)을 기리기 위하여 그의 이름과 비슷한 라틴어 Lepus(토끼)와 프랑스어 lievre(어린 토끼)에서 착안한 세 마리의 토끼를 그려 넣었다고 한다.

레버렛 타워스(Leverett Towers)(좌), 던스터 하우스(Dunster House)(우)   출처: depositphotos.com

⑦ Quincy House shield

퀸시 하우스의 방패는 빨간색 바탕에 7개의 마름모꼴 다이아몬드가 있는
모양이다.

⑧ Mather House shield

Mather House의 방패에 새겨진 문장(crest)은 세 마리의 황금 사자이다.

⑨ Adams House shield

애덤스 하우스의 방패는, 하버드 동문 John Quincy Adams
대통령의 문장에서 유래하였다. 기숙사가 있는 동네인 골드
코스트를 상징하는 의미에서 바탕색을 금색으로 하였고, 다섯 개의 참나무
잎사귀와 도토리 열매는 애덤스 하우스 기숙사를 구성하는 다섯 동의 건물
을 상징한다.

⑩ Cabot House shield

캐벗 하우스의 방패는, Cabot 가문의 문장에서 유래하였고, 노란 바탕에
세 마리의 물고기가 그려져 있다.

Cabot House   출처: ©2024 The Harvard Crimson, Inc. All rights reserved. Reprinted with permission.

⑪ Pforzheimer House shield

포르츠하이머 하우스의 방패는, 특이하게도 기숙사 학생들이 스스로 작품 경연대회를 열어 뽑은 당선작이다. 오른쪽 상단의 빨간색은 하버드를 나타내고, 아래쪽의 검은색은 래드클리프를 상징하며, 가운데 4개의 계단 모양 사각형은 당시까지 Pforzheimer House에 소속된 Moors, Holmes, Comstock, Wolbach 등 4개의 기숙사 건물을 상징한다. 바탕을 둘러싸고 있는 검은색 테두리는 Radcliffe Quad를 나타낸다고 한다.

⑫ Currier House shield

커리어 하우스 방패의 붉은 바탕은 하버드를 나타내고, 검은 색 띠는 래드클리프의 두 대각선 줄무늬에서, 황금나무는 래드클리프의 사과나무(Radcliffe apple tree)에서 가져왔다.

커리어 하우스 입구

뒷이야기 둘

남녀 누드 수구로 인하여 확산된 남녀공용 기숙사

상급생 기숙사 중 Adams House는 금 녀의 집 '하버드 하우스'에서 최초로 여학 생을 받아들인 기숙사로 이름이 높다. 설 립 이래 남성의, 남성에 의한, 남성을 위한 대학 하버드에, 1879년 부설 여학교가 곁 불 쬐기식으로 시작되었다가 1894년 래 드클리프 여자대학으로 정비된 후, 2차대 전으로 참전한 남학생들과 교수들의 빈자 리가 생기자 1943~1947년부터는 여학 생들이 하버드 야드의 수업에도 같이 참 석할 수 있게 허용되었다. 다만, 남학생들 의 집중력을 해쳐 공부에 지장을 줄 수 있 으므로 여학생들은 1947년에 신축한 라 몬트 도서관의 출입이 여전히 금지되었다.

Adams House 입구   출처: Wikimedia

그러다가 1960년대의 민권운동과 반 전운동의 여파로 하버드에도 변화의 물결 이 밀려와 1963년에 드디어 하버드대학원에 여학생의 입학이 정식으로 허용되었고, 1970년 에는 하버드와 래드클리프가 합동 졸업식을 거행하기에 이른다.

그리고 1999년 래드클리프와 하버드가 공식적으로 합병하기 전 남녀공학이 되기 위한 전 초작업으로 1970년 2월에 역사상 놀랄 만한 기숙사 남녀 공동 입주의 실험이 시도되었다. 법적 투쟁 등 엄청난 노력을 통해 1970년 2월 하버드 기숙사 중 가장 화려하고 고급스러운 Adams House 중 Westmorly 사우스 하우스에 (Adams House의 남성들 25명에게 래드클리프 쪽 기숙사 입주를 선물로 맞교환하며) 25명의 여성들이 입주하는 대 사건이 벌어졌기 때문이다. 1970년대 초반 무렵 Adams House는 남녀 50:50의 비율을 달성한 최초의 하우스로 자리매 김된다.

Adams House에 여학생들이 도착하자, 일요일 밤 Westmorly 지하 수영장에서의 누드 수구 경기를 포함하여 애덤스 기숙사에는 돌연 새로운 흥분과 활기가 넘쳐 흘렀으며, 다른 기숙사들의 모든 학생들이 이사 오기를 사모하는 뜨거운 기숙사가 되었다. 물론 물은 엎질러졌고 대세(?)는 거스를 수 없었기 때문에 다른 기숙사들의 열화와 같은 요구에 못 이겨 시간이 얼마 지나지 않아 여학생 300명 이상이 5곳의 하버드 기숙사로 숙소를 옮겨간다.

그러나 불법 심야파티의 전설이 된 Adams House의 지하 수영장은 그후 여러가지 안전에 대한 우려로, 리모델링 후 영화 프로젝터와 대형 스크린을 갖춘 극장 Westmorly Pool Theater로 용도 변경되었다. 비록 심야 누드파티의 전설은 사라졌지만 정기적인 영화 상영만큼은 학생들과 교직원 모두에게 인기있는 이벤트라고 한다. 현재도 이 공간은 영화 상영은 물론, 뮤지컬이나 연극 공연, 대형강의, 워크샵, 패션 쇼, 미술 전시회 등의 장소로 사용되고 있다.

Westmorly Pool Theater

출처: fdrfoundation.org

뒷이야기 셋

하버드 경찰도 출동해야 할 정도로 인기 있는 학교 공식 거품파티

상급생 기숙사 Mather House에는 넓은 개방형 공용 공간이 있다. 덕분에 Mather House의 기숙사 자치위원회(HoCo, Housing Committee)는 격주마다 Happy Hour라는 즐거운 공동 행사를 개최하곤 한다. 거기에다가 1년에 두 번 공식 댄스 행사를 열고, 매학기에 한 번씩 학생-교수 간 특별 저녁식사(dinner time)를 무료로 제공하고 있다.

Mather Dining Hall에서의 dinner time
출처: ©2024 The Harvard Crimson, Inc. All rights reserved. Reprinted with permission.

Mather 사교 모임에서 가장 눈에 띄는 것은, 매년 봄 Dining Hall(dhall)에서 열리는 대학 전체의 거품 파티(foam party)인 the Mather Lather이다. 2003년 첫 번째 실행한 이후 the Lather(거품) 행사는 명성이 자자해져 Boston 미디어와 The New York Times에 실리기까지 하였다.

거품 파티(foam party)란 거품 제조 기계가 위에서 뿌려대는 하얀 거품을 파티 참가자들이 뒤집어쓴 채 게임을 하거나 음악에 맞춰 춤을 추는 흥겨운 이벤트인데, Harvard 전체에서 1,000명 이상의 학생들이 모여드는 이 거품축제는 토요일 저녁부터 다음날 새벽까지 진행된다. 간편복이나 수영복을 입은 파티 참석자들은 라이브 DJ에 맞춰 춤을 추는데, 너무 흥겨워 하다가 바닥이 미끄러워 낙상하거나 거품이 눈에 들어가 치료를 받거나 하는 일이 없도록 조심해야 한다.

Mather House 전경

물론 여러 개의 댄스 플로어 중 일부에는 거품이 없으므로 거품 밖에서 춤추며 놀아도 아무도 뭐라고 하지 않는다.

또한 혹시라도 새벽 무렵 파티가 너무 과열되어 광란이다 싶을 정도로 혼잡스러워지는 경우에는, 사고예방 차원에서 하버드대학 경찰국(HUPD)이 나서서 주최측에 적당한 시점에 플러그를 뽑아 달라고 요청할 수 있게 되어 있는데, 그럴 경우 아쉽지만 순순히 음악을 끄고 댄스 플로어를 정리한 다음 경찰들의 보호하에 각자의 기숙사로 귀가한다고 한다.

 **뒷이야기 넷**

기숙사 파티에서 맺은 인연, 마크 저커버그와 프리실라 챈

포르츠하이머(Pforzheimer House) 기숙사의 Belltower Suite는 하버드 기숙사 중 특별히 이름 난 스위트 중 하나이다.

포르츠하이머 기숙사의 휴게실　　출처: ©2024 The Harvard Crimson, Inc. All rights reserved. Reprinted with permission.

바로 이 벨 타워 스위트에서 있었던 파티에서 Facebook의 Mark Elliot Zuckerberg는 그의 아 내 Priscilla Chan을 만났다!

당시 하버드 생물학과 학생이었던 그녀는 중국계 베트남 이민자로서 보스턴에서 'Taste of Asia'라는 식당을 운영하 는 부모에게서 1985년 태어났다. 그녀는 영어, 중 국어, 베트남어에 능통한 학생이었는데, 2007년 하버드를 졸업한 후 San Jose에서 초등학교 과학 교사로 2년 정도 일한 뒤 에 UCSF(샌프란시스코 의 과대학원)을 거쳐 2012년

출처: Facebook

5월 14일 소아과 의사가 된 다음, 2012년 5월 19일 가까운 지인들과 친구들만을 불러 실리콘밸리의 Palo Alto에 있는 Zuckerberg의 집 뒤뜰 정원에서 작은 결혼식을 하였다.

페이스북 기업공개(IPO)로 단숨에 200억 달러(23조 원 상당)대 부자가 된 창립자 마크 저커버그(당시 28세)가 기업공개 다음날 집에 놀러 오라고 하니 초청받은 사람들은 그저 겸사겸사 축하 파티이겠거니 하고 갔다가, 웨딩드레스를 입고 등장하는 그녀를 보고 깜짝 놀랐다고 한다.

그날 그녀(당시 27세)가 입은 웨딩드레스도 시판 드레스 중 하나였고, 저커버그가 자신의 주식 99%(당시 50조 원 상당)를 사회에 환원하겠다고 선언한 배경에도 그녀가 있다고 한다. 기부와 자선은 부를 타고 들어오는 시험과 재앙을 막는 해독제일 수 있다는 말이 있다.

뒷이야기 다섯

악연인가 기회인가, 저커버그와 윙클보스 형제

2013년 하버드에서 강연하는 Winklevoss 형제
출처: ©2024 The Harvard Crimson, Inc. All rights reserved. Reprinted with permission.

앞의 이야기처럼 하버드 기숙사에서의 인연이 반드시 좋은 결과로만 귀결되는 것은 아닐 것이다. 이번에 소개할 이야기는 과연 좋은 인연이었는지, 아니면 어쨌든 좋은 기회였는지를 독자들께서 각자 판단해 보시기 바란다.

일란성 쌍둥이인 Cameron Winklevoss & Tyler Winklevoss 형제는 Facebook의 아이디어를 최초로 창안한 사람으로 저커버그의 소송의 합의금으로 받은 주식이 상장 후 대박을 친 것으로 알려져 있으며, 현재는 암호화폐 사업을 하고 있는데, 2021년 3월 현재 순자산이 15억 달러인 억만장자이다.

펜실베이니아 대학교 와튼 스쿨 교수인 하워드 윙클보스의 아들들로 태어난 이들은, 2000년에 나란히 하버드대에 입학하여 경제학을 전공하고 2004년에 졸업했다. 독실한 그리스도 교인으로, 하버드 GPA가 3.9였으며, 196cm의 키에, 하버드 최고의 실력을 가진 조정 선수들로 베이징 올림픽에도 출전하여 6위를 기록하였다. 나중에 옥스포드 대학의 비즈니스 스쿨에 진학하여 2010년에 MBA를 취득했다.

이들은 하버드 재학 당시 '하버드 커넥션(후일 'ConnectU'로 이름 변경)'이라는 이름의 폐쇄적 소셜 네트워크 서비스 컨셉을 갖고 있었으나, 이를 구현할 뛰어난 개발자가 없어 고심하던 차에, 하버드 기숙사 여학생들의 얼굴을 비교하는 사이트인 '페이스매쉬(Facemash)'를 만든 후배 마크 저커버그의 소문을 듣고 그와 접촉하였다.

2003년 11월 25일 저녁, 윙클보스는 하버드 커클랜드 하우스의 식당에서 저커버그를 만나 자세한 정보를 설명했는데, 저커버그는 협력하는 척하며 아이디어만 가져다가 페이스북을 만들어 사업을 시작하고는 하버드를 자퇴해버린다.

결국 이들은 저커버그에게 소송을 걸었고, 2008년 2월, 윙클보스 측이 현금 2천만 달러와 페이스북 주식 4,500만 달러를 받는다는 합의가 이루어졌다. 그 후 페이스북이 IPO를 성공시키자 윙클보스 형제가 보유한 주식 가치도 3,253억 원으로 급등하였다. 그러자 그중 일부로 비트코인을 구매하여 몇 조 원 상당의 비트코인을 보유하고 있는 것으로 알려졌다.

2012년 타일러와 카메론은 초기 스타트업에 자금과 인프라를 제공하는 데 중점을 두고 투자하는 회사인 윙클보스 캐피탈 매니지먼트를 설립했다. 현재는 2015년부터 비트코인 거래소인 제미니 거래소를 운영 중이고, 최근에는 제미니 USD라는 USD 연동 암호화폐도 운영하고 있다고 한다.

결국 페이스북을 통해 엄청난 돈을 벌었지만, 이는 7년간의 소송전 끝에 이뤄낸 것이기도 하다. 그리고 마크 저커버그와 페이스북은 전세계 대부분의 사람들이 한번은 들어보았을지 몰라도, 이들 형제는 그만큼의 인지도가 없는 것은 사실이다. 과연 이들의 만남은 좋은 인연이었을까, 좋은 기회였을까?

찰스강의 '하버드 기숙사'와 '하버드 경영대학원'을 연결하는 도보다리

Charles강 건너편에 있는 하버드 경영대학원(HARVARD BUSINESS SCHOOL)

3_____ 조선의 외교관이 된 하버디언

: 하버드대학 출판부에서 '조용한 아침의 나라 조선'(Chosön the Land of Morning Calm)을 출간한 퍼시벌 로웰

하버드대 총장 Abbott Lawrence Lowell의 친형인 Percival Lawrence Lowell(1855.3.13.~1916.11.12.)은, 하버드대 출신의 미국 천문학자이다.

부유한 집안의 장남이었던 Percival은, 1876년 하버드대 수학과를 졸업하면서 1877년 여름부터 할아버지 소유의 대형 면화공장의 경영 책임자로 6년을 일한다. 충분한 자금이 확보되자 그는 평소에 꿈꾸던 동양의 신비를 풀어보기 위하여 1883년 5월에 일본으로 건너간다. 그는 일본 전역을 여행하며 일본과 일본인들, 그들의 관습, 찻집, 정원 및 예술에 대하여 관찰하고 기록하였다.

Percival Lawrence Lowell(1904)
출처: Wikipedia

그러던 중 그해 여름 8월 13일 28세인 그는 도쿄에서 놀라운 기회를 만나게 된다. 그는

앞줄 앉은 사람 왼쪽부터 퍼시벌 로웰, 홍영식, 민영익, 서광범, 중국인 통역 우리탕,
뒷줄 서있는 왼쪽부터 무관 현흥택, 일본 통역관 미야오카 츠네지로, 수행원 유길준, 무관 최경석, 수행원 고영철, 변수
출처: Wikipedia

미국에 외교사절을 파견하기로 한 조선으로부터 '보빙사'(報聘使, 조선 최초의 서양 파견 외교사절단)의 통역과 안내를 맡을 1등 서기관이라는 관직에 임명받을 것을 요청받는다. 꿈꾸던 동양에서 꿈같은 외교관 직임을 받게 된 것이다. 태평양을 횡단하기 위하여 일본을 경유하던 조선 외교사절단으로부터 적합한 인재를 주선해 달라는 부탁을 받은 주일 미국 공사가 마침 이 젊고 의욕이 넘치는 하버디언을 강력 추천했던 것이다.

정사(단장) 민영익, 부사(부단장) 홍영식, 서기관 서광범, 수행원 유길준 등으로 구성된 '보빙사'(報聘使) 사절단의 안내원 겸 통역관으로 임명된 퍼시벌 로웰은, 1883년 8월 18일 도쿄 앞 요코하마 항을 출발하여 샌프란시스코를 향해 태평양을 건넌 뒤, 1883년 9월 2일 샌프란시스코에 도착 후, 다시 기차로 미국 대륙을 가로질러 동부에 도착한다. 그후 뉴욕, 보스턴, 워싱턴 등지를 순회하며, 미국 21대 대통령 Chester A. Arthur를 2회 예방하여 신임장을 제정(제출하여 증정)하고, 육군사관학교·해군 연병장·소방서 등 공공기관을 시찰하고, 세계박람회·시범농장·전기회사·철도회사·방직공장·의약제조회사·병원 등도 둘러보며 임무를 수행한 다음, 같은 해 11월 14일 다시 일본으로 돌아오기까지 조미 수호통상 사절단의 곁을 보좌하면서 국서 번역, 의전 업무 및 통역관 역할을 충실히 수행해냈다.

특히 그는 자신의 본가가 있는 보스턴으로 일행을 안내하여 모교인 하버드대를 투어시키기도 했는데, 이때 크게 감동을 받은 유길준이 보스턴에 그대로 남아 유학 생활을 하게 된다.

이후 조선으로 귀국한 일행 중 홍영식이 로웰의 노고를 고종에게 보고하자, 고종은 그를 국빈으로 초대하라고 지시를 내렸다. 로웰은 1883년 12월 20일 조선을 방문하였다. 왕실의 초대에 힘입어 그는 통리기무아문의 교린사(외무부) 맞은편에 있는 기와집에서 2~3명의 하인과 하녀의 보좌를 받으며 왕실 손님으로 극진한 대접을 받으며 겨울을 지내게 된다. 그는 여러 곳을 방문하고 즐겁게 지내며 많은 지인과 따뜻한 친구를 사귀었다. 하버드대 수학과 출신이었던 로웰은 특히 수학자 김낙집과 친하게 지냈다고 한다. 조선에서의 활동으로 노월(魯越)이라는 한국 이름도 얻었다.

1884년 봄에 조선을 떠나 일본으로 돌아간 퍼시벌은 그해 가을 미국으로 귀국하기 위하여 출국하여 보스턴 집으로 돌아갔다.

귀국하자마자 30세인 1885년 Percival Lawrence Lowel은 하버드대학 출판부에서 '조선, 조용한 아침의 나라'(Chosön the Land of Morning Calm)라는 책의 초판을 출간한다.

　로웰의 세밀한 관찰자적 시각이 돋보이는 이 책은, 조선의 경제, 사회, 건축, 행정, 자연, 풍속, 복식 등 거의 모든 분야가 백과사전 형식으로 기록되어 있다. 저자 자신의 개인적 소감과 함께, 저자가 촬영한 고종의 모습을 비롯한 당시 인물들의 사진이나 그림들이 함께 수록되어 있다. 로웰이 사진기를 가지고 다니며 다양한 조선의 모습을 직접 찍은 사진들을 거의 한 페이지에 한 장씩 25장의 사진을 수록해 놓았다. 당시 조선에 관하여 잘 모르던 서구인들에게 조선을 정확히 알리는 계기가 되었으며, 서정성 넘치는 문체 또한 아름답기로 유명한 책이다.

Percival Lawrence Lowel의 '조선, 조용한 아침의 나라'
(Choson, the Land of Morning Calm)

출처: Biography of Percival Lowell

　퍼시벌 로웰은 조선을 시적으로 아름답게 표현하여 '고요한 아침의 나라'(The Land of The Morning Calm)라고 하였다. 그러면서 조선사람들은 중국이나 일본 사람들보다 훨씬 자존심이 있어 보인다고도 기록했다.

　속표지에 태극 문양을 인쇄하면서, 태극 문양을 가만히 보고 있노라면, 우주의 배아들이 오므린 채 둥근 씨앗으로 발육되기를 기다리고 있는 것 같다(p.380)고 태극을 풀이해 놓았다.

　한양의 성벽과 고궁을 보며 감탄한 그는 "나는 그처럼 아름답고 색다른 풍경을 본 적이 없다. 그것은 마치 마술사가 빚어 놓은 것처럼 우뚝 솟아 있었다. 그것은 숭례문이었다."라고 서술하였다.

　31장 '모자의 나라 조선'이라는 부분에서는, 갓과 망건 같은 여러 형태의 '머리에 쓰는 것'들을 세밀한 그림으로 설명하여, 사료로서의 뛰어난 가치를 인정받는다.

　로웰이 조선에 머문 기간은 3개월 정도로, 1883년 12월 한겨울에 입국하여 1884년 3월 봄이 채 되기도 전에 떠났다. 조선에 대한 진정한 애정이 없었다면 그토록 자세한 책을 저술하기란 불가능했을 것이다.

왼쪽부터 민영익, 퍼시벌 로웰, 서광범, 홍영식

출처: Biography of Percival Lowell

"오랫동안 나는 난간에 기대서서 등대를 한 없이 바라보았다. 등대는 어둠 속에서 나를 내려다보는 지상의 영혼이었다. 그 짙은 불꽃이 내 안으로 타들어왔다. 의식할 수 없는 시간이 지났고, 나는 공상에서 깨어났다. 바닷바람이 추위로 몸을 떨게 했다. 내가 뒤돌아섰을 때에도 등대는 여전히 멀리서 나를 쫓아왔다. 등대의 불빛은 마치 사람처럼 이국 땅에서의 서글픈 안녕을 고하는 듯했다."

36장 말미에 담겨 있는 이 아름다운 글을 읽다보면 로웰이 조선을 떠나며 얼마나 아쉬워했는지, 또한 얼마나 조선을 사랑했는지 짐작할 수 있다.

1885년 귀국하여 조선과 일본 등 동양에 대한 기행문을 연달아 출간하는 등 기행문 작가로 이름을 날리던 그는, 1884년 12월 4일 조선에서 홍영식, 서광범을 포함하여 김옥균, 서재필, 박영효 등 소장파 관료들이 갑신정변을 일으켰다가 3일천하로 끝났으며, 특히 홍영식이 청군에 의하여 피살됐다는 소식을 듣고 깊이 애도하며 갑신정변의 내역을 상세하게 기록하여 조선의 쿠데타(A Korean Coup d'Etat)라는 제목의 보고서를 작성했다. 이 글은 당시 평론지 Atlantic Monthly 1886년 11월호에 게재되었다.

1894년부터 Percival Lowell은 화성을 관측하고, 명왕성을 발견하는 기초를 놓는 등 천문학자로 변신하게 된다. 그는 나중에 Amherst College에서 명예 학위를 받았다.

그간 독신으로 지내던 Percival Lowell은 1908년 6월 53세가 되어서야 9살 어린 44세의 Constance Savage Keith와 New York City에서 결혼을 하게 된다. 둘 다 초혼이었지만, 너무 만혼이라 둘 사이에 자녀는 없었다. 로웰은 61세인 1916년 11월 12일 뇌졸중으로 갑자기 사망했으며, 천문대 근처에 있는 마스(Mars) 언덕에 묻혔다.

뒷이야기 하나

하버드를 투어한 조선 최초의 미국 외교사절단 보빙사

그렇다면, 퍼시벌 로웰과 함께 했던 조선 최초의 미국 외교사절단 보빙사와 그들이 깊이 연루된 갑신정변 쿠데타에 대하여 잠시 이야기 하기로 하자.

1883년 9월 미국에 도착한 조선의 첫 외교사절이 찍은 공식 기념사진(앞줄 왼쪽부터 부사 홍영식, 정사 민영익, 종사관 서광범이 조선을 대표하는 사절답게 관복을 입었다. 앞줄 오른쪽 끝은 미국인 통역관 Percival Lowell. 뒷줄 왼쪽부터 수행원 현흥택, 최경석, 수행원 유길준, 고영철, 변수)

출처: Wikipedia

1882년 조미 수호통상조약의 체결로 1883년 미국 정부가 파견한 외교사절인 주한 미국 공사 푸트(L. H. Foote)가 조선에 부임하였다. 고종은 이전부터 미국을 영토 욕심이 없는 선량한 국가로 혼자 굳게 믿었던 데다가, 조선에 파견된 미국 공사가 청나라나 일본에 파견된 미국 공사와 동급이라는 점도 마음에 들었다.

그렇다면 조선에서도 당연히 미국에 장기 주재시킬 외교사절을 파견했어야 하지만, 외교공관을 설치·유지할 능력과 예산이 없자 일시적 대안으로 친선 사절단이라도 보내기로 했는데, 다행히 미국이 체류 비용은 물론 귀환 비용까지 모두 지원해 주기로 하였다.

조선 26대 왕 고종은 1883년 5월 정사(正使)에 민영익(閔泳翊), 부사(副使)에 홍영식(洪英植), 종사관 서광범(徐光範), 그리고 수행원 유길준·변수·최경석·현흥택·고영철 등을 대동시킨 8명의 보빙사(報聘使, 보답으로 초빙된 사절단)를 파견하였다. 이는 조선 최초로 미국, 유럽 등 서방 세계에 파견된 외교 사절단이었다.

단장 민영익과 부단장 홍영식을 필두로, 서광범은 행정 실무를, 유길준과 변수는 일본어 통역, 고영철은 중국어 통역, 무관 출신 최경석과 현흥택은 경호를 맡았다. 중국 외교관 출신으로 인천의 조선해관에 근무하고 있던 미국 유학파 중국인 우리탕(오예당)도 동행하였다. 우리탕이 영어를 중국어로 옮기면 중국어 역관 고영철이 중국어를 조선어로 옮기는 식으로 이중 통역을 할 계획이었으나, 막상 시켜보니 우리탕의 영어 실력이 신통치 않아 별로 도움이 되지 않자 일본에 가서 다른 통역관을 구하기로 하였다.

1883년 7월 16일 제물포항에서 미국 군함 Monocacy호를 타고 출발한 보빙사 일행은 일본에 들러 한 달간 도쿄에 머물며 주일 미국 공사 Bingham과 함께 구체적인 방미 준비를 하였다. 그때 미국 공사로부터 추천받은 하버드대 출신 미국인 청년 퍼시벌 로웰(Percival Lowell, 한국명 노월(魯越))은 동양에 대한 호기심으로 일본을 여행 중이어서 일본어도 조금 구사할 줄 알았고, 무엇보다 그를 수행한 일본인 통역 미야오카 츠네지로(宮岡恒次郎, 동경제대 출신의 변호사)의 영어가 아주 능통하였다. 결국 보빙사 일행의 통역은 주로 퍼시벌 로웰의 영어를 일본인 미야오카가 일어로 통역하면 일본 유학파로 일어가 유창했던 유길준과 변수가 조선어로 다시 통변하는 이중, 삼중으로 이루어졌다.

1883년 8월 18일 도쿄 앞 요코하마 항에서 여객선 아라빅(Arabic)호를 타고 태평양을 횡단한 조선의 청년 관료 8명과 미일중 통역 3명 등 4개 국적 11명으로 구성된 보빙사 일행은 1883년 9월 2일 샌프란시스코항에 도착하였다. 보빙사 사절단 일행은 도착하면서부터 미국의 국빈으로 환대받았고, 미국 언론은 은둔국 조선에서 최초로 외교사절이 방문한 것을 대대적으로 보도하였다.

일행은 샌프란시스코에서 대륙횡단 열차를 타고 시카고를 거쳐 1883년 9월 15일 워싱턴 D.C에 도착하였는데, 마침 뉴욕에 가 있던 미국 21대 대통령 Chester A. Arthur를 9월 18일 예방하여 국서와 신임장을 제정(제출하여 증정)하였다. 미국 정부는 조선의 사절단원들을 시종일관 융숭하게 대접하였다.

사절단원들은 나머지 일정 동안 강행군을 하며 미국의 신문물을 섭렵, 습득하려고 애썼고, 밤마다 숙소에 모여 그날 있었던 견학 내용을 토론하고 분석 정리하여 기록하였다.

이들은 미국 국방성을 방문하여 무기와 군사 체계 등을 소개받았고, 웨스트 포인트의 육군사관학교·해군 훈련소·소방서 등 공공기관을 시찰하고, 세계박람회·시범농장·전기회사·철도회사·방직공장·의약 제조회사·병원·백화점 등도 둘러보았다.

변호사 출신 Chester A. Arthur 대통령   출처: Wikipedia

통역 겸 안내자 Percival Lowell의 부모형제들과 자택이 있는

1880년경의 Hotel Vendome   출처: Wikipedia

보스톤에서는 Back Bay의 중심부에 있는 루브르궁전 스타일의 최고급 Hotel Vendome(지금
은 110개의 주거용 고급 콘도 시설이 있는 Vendome Condos)에 묵으며, Percival Lowell의 가문이
운영하는 섬유공단이 있던, 미국 산업혁명(1760~1840년)의 요람 로웰(Lowell) 지역을 기차로
방문해 산업시찰을 하고, 농장도 방문하였다. 당시 Lowell City는 미국에서 가장 큰 산업단지
를 보유하고 있었다.

Lowell의 섬유공장 단지   출처: Wikipedia

또한 Boston에서 그들은 특히 Percival Lowell의 모교인 Harvard대학을 투어하고는 경탄
을 금치 못한 다음, 워싱턴에 있는 내무성 교육국장 이튼(Eaton, J.)을 찾아가 미국의 교육제도
에 대하여 소개받았다. 이는 나중에 배재학당, 이화학당, 연세학원이 설립되는 계기가 되었고,
이튼 국장에게 왕실 영어학교인 육영공원 교사 선발을 의뢰하여, 뉴욕의 유니언 신학교(Union
Theological Seminary) 신학생 헐버트(Hulbert, H. B.)·번커(Bunker, D. A.)·길모어(Gilmore, G. W.) 등
3명이 조선에 영어교사로 보내지기도 하였다.

Trenton호와 승조원들

그 밖에 스미스소니언 박물관(The Smithsonian Institution)도 살펴보고, 미국의 우편제도·전기시설·농업기술을 견학하여, 나중에 조계사 옆 안국동 사거리에 우정국을 설치하고, 경복궁에 에디슨 전기회사 발전기를 들여와 전기를 설비했으며, 미국식 농업시험장을 설치 운영하는 계기가 되었다.

10월 12일 귀국 인사차 백악관을 방문하자 미국 대통령은 군함 한 척을 내주며 본국까지 타고 갈 것을 권한다. 그래서 보스턴에 남아 유학하기로 한 유길준을 제외하고, 부사인 홍영식은 외국인 수행원들 때문에 태평양을 건너 일본을 거쳐 1883년 11월에 먼저 귀국하였으나, 민영익, 서광범, 변수는 1883년 11월 19일 미국 해군 군함 트렌턴(Trenton) 호를 타고 뉴욕항을 출발, 대서양을 건너 유럽으로 건너갔다.

이들은 포르투갈의 아조레스 섬, 영국령 지브롤터, 프랑스의 마르세유(여기에서 육로로 파리를 거침), 영국 런던, 이탈리아 로마 등 각국을 순방하였다. 그 후, 이집트와 피라미드를 본 다음, 수에즈 운하를 통과하여 홍해를 타고 아라비아반도 남단 아덴을 거쳐 인도양을 건너 인도 뭄바이, 실론, 싱가포르, 홍콩, 일본 나가사키 등을 경유한 장장 6개월의 세계일주를 마치고 1884년 5월 말에 조선으로 귀국하였다. 이때 이들이 수집해온 신문물 샘플들은 200궤짝이나 되었다고 한다.

뒷이야기 둘

독학으로 공부해 둔 한국어 덕분에 주한 미국 공사가 됐던 해군 소위

George C. Foulk
출처: 미국 해군 역사센터

머나먼 동아시아 끝에서 찾아온 조선의 외교사절단에게 감동한 Arthur 미국 대통령이 편하고 안전하게 귀환하라며 흔쾌히 내어준 미국 군함 트렌턴(Trenton)호에는 미국에서부터 젊은 미국인 한 명도 동행하였는데, 조지 포크(George C. Foulk, 1856~1893년)라는 해군 소위였다.

1876년 해군사관학교를 3등으로 졸업한 포크 소위는 마침 애인이 일본인이라 일본어를 배울 수 있었고, 일본어와 어순이 같고 한자가 같은 한국어를 독학으로 공부하는 중이었다. 서툴지만 한국어를 말할 수 있었기 때문에 방미 사절단의 미 정부 통역관 겸 수행원으로 선발되는 행운을 잡는다.

그는 보빙사 사절단원들의 미국 체류 내내 곁에서 밀착 동행했는데, 보빙사가 귀국하게 되자 이번에는 아예 주한 미국 공관 소속 해군 무관(a naval attaché)으로 발령을 받고 부임하는 더 큰 행운을 만나게 된다.

오랜 여행길에서 그는 민영익, 서광범, 변수 등 조선의 젊은 관료들과 매우 절친하게 되었고, 자연히 한국어도 매우 유창하게 늘게 되었다.

1884년 5월 31일 제물포항을 통하여 서울에 도착한 그는 Foote 공사 밑에서 근무하며, 자유로운 한국어 소통을 무기로 1차로 1884년 9월 22일 개성, 강화도, 수원, 남한산성 등 수도권을 답사하여 사진 촬영을 하며 정보를 수집한다. 이후 2차로 1884년 11월 1일~12월 14일에는 남한 전역을 답사하기 위하여 서울을 출발하여, 안성, 공주, 은진 미륵사, 익산, 전주, 남원 광한루, 나주, 합천 해인사 팔만대장경, 진주 촉석루, 마산, 진해, 김해, 부산, 밀양, 대구, 상주, 문경 새재, 충주, 남한산성을 경유하여 귀경하는 등 많은 사진 촬영과 민생 파악 등 업무실적을 올리게 된다.

이때 43일간의 전국 여행을 통하여 380쪽 분량의 여행일기를 작성(현재 UC Berkley 도서관에 소장)하며 조선을 깊이 사랑하게 된 Foulk는, 1885년 공사가 이임하자 주한 미국 임시 공사라는 막중한 소임을 2년 동안 맡게 된다. 그 과정에서 미국 정부를 대표하여 Foulk는 보빙사 청년 관료들과 힘을 합쳐 조선의 근대화를 돕는 한편, 중국, 러시아에 맞서 조선의 국익을 두둔하였는데, 그 바람에 심기가 불편해진 중국 정부가 미국에 강하게 요구하여 1887년 6월 미국으로 소환되고 만다.

1888년경 일본인 아내와 포크   출처: 미 해군역사센터

　미국 정부의 처사에 실망한 그는 일본으로 건너가 일본 애인과 결혼하고는 일본에 머물며 잠시 사업을 하다가, 교토에 있는 기독교 미션대학인 동지사 대학에 수학 교수로 근무하며 일본에서 살던 중, 6년 후 어느 날 하꼬네 근처의 후지산으로 하이킹 갔다가 산행 길 심장마비로 갑자기 사망하고 만다.

뒷이야기 셋

조선 개신교 선교의 도화선에 불을 지핀 하버디언

하버디언 퍼시벌 로웰은 사실 이화여대와 연세대 설립에 큰 기여를 한 사람이기도 하다. 즉, 조선 개신교 선교의 도화선이 되었던 것은 Goucher 총장이 열차 안에서 우연히 퍼시벌 로웰과 조선에 대한 대화를 하게 되면서부터 조선에 깊은 관심을 가지게 됐기 때문이다.

John Franklin Goucher

출처: Wikipedia

조선의 사절단이 미국에 도착하여 샌프란시스코에서 대륙횡단 기차를 타고 시카고를 거쳐 워싱턴 DC로 미국 대통령을 만나러 가던 중, 1883년 9월 14일 아침 열차 안에서 가우처(John F. Goucher)가 갓과 도포 차림의 보빙사 일행을 보고 일행을 이끌던 퍼시벌 로웰에게 "어느 나라에서 왔느냐?"고 물으며 대화가 시작되어 조선에 대한 이야기는 3일간 내내 이어졌다.

이미 중국과 일본을 다녀온 경험이 있는 Goucher는, 얼마 뒤에 볼티모어(Baltimore)여자대학(1910년에 Goucher College로 개명)의 설립자 겸 총장이 되는 미국 감리교 교단의 유력한 목사이기도 하였다.

우연처럼 다가온 조선 사절단과의 열차 안 대화를 통하여 동아시아에 중국과 일본이 아닌 조선이라는 독특한 나라가 하나 더 있다는 사실을 알게 된 그는, 말로 표현할 수 없는 어떤 강력한 영적 감동에 이끌려, 조선 복음화를 위하여 뉴욕 감리교선교부를 움직이고 거액의 선교기금을 조성하여 조선에 미션 스쿨과 병원을 설립할 선교사들을 파견하게 하는 교두보 역할을 하게 된다. 그 결과 조선에 들어온 감리교 선교사들에 의하여 오늘날의 배재학당, 이화학당, 연세대 등이 설립되었던 것이다.

1883년 11월 6일 가우처 박사는 자발적인 마중물 선교헌금(1차로 2,000달러+2차로 3,000달러)과 함께 조선에 선교사 파송을 제안하는 편지를 뉴욕 감리교선교부에 보내고, 감리교 기관지 The Gospel in All Lands와 Advocate에 조선인을 사랑하시는 하나님의 부르심에 대한 글을 15회 이상 연재하며 선교기금의 모금에 앞장섰다.

Appenzeller

출처: 아펜젤러 순직기념관

그러자 오하이오 주에 사는 신자가 보낸 1,000달러를 시작으로 캘리포니아 주의 아홉 살 소녀가 조선 선교를 위해 써달라며 9달러를 보내오는 등 마치 기다리기라도 했다는 듯이 미국 각지에서 선교헌금이 쏟아져 들어왔다. 그 기세에 놀란 미국 감리교 해외선교 본부에서는 마침 일본에서 선교활동을 하고 있던 맥클레이(Robert S. Maclay) 신학박사에게 조선을 현지답사하여 실정을 보고하라는 지시를 내리게 된다.

1884년 6월 24일 부인과 함께 서울로 건너온 맥클레이 박사는 정동에 있는 미국 공사 관저에 머물며 기회를 봐 고종에게 미국식 기독교 학교와 병원 설립에 대한 청원서를 넣어 어렵사리 윤허를 받게 된다.

조선의 왕이 개신교 선교사업에 반대하지 않으며 오히려 학교와 병원 설립에 지장이 없도록 밀어주겠다고 한다는 보고를 접한 미국 감리교 해외선교 본부에서는, 1885년 아펜젤러(Henry Gerhard Appenzeller)와 스크랜튼(Mary Fletcher Benton Scranton) 여사, 그녀의 아들로 예일대 출신 의사인 William Benton Scranton을 조선으로 보내 개신교 선교의 빗장을 열어젖힌다.

Scranton 모자
출처: 이화여대

동시에 장로교 목사 언더우드(Horace Grant Underwood)도 입국하고, 장로교 의료 선교사 알렌(Horace Newton Allen)이 개설한 병원 광혜원(2주 후 제중원으로 개명)이 문을 연 것도 1885년 그 무렵이었다.

Underwood
출처: Wikipedia

조선을 품고 기도하던 Goucher 총장 자신도 1907년, 1910년, 1913년, 1915년, 1919년, 1920년 등 도합 6차례나 조선을 방문하였고 성령이 불타는 평양 대부흥운동을 두 눈으로 직접 목격하며 전율하였다. 또한 배재학당, 이화학당 부지를 답사하고 매입하였으며, 나중에는 선박 침몰로 순교한 아펜젤러 선교사의 기념관 기공식에 미국 감리교 감독 일행과 함께 참석하여 현판 제막식을 가지기도 하였다. 미 대륙횡단 열차 안에서 그를 감동시켜 움직이게 했던 성령이 조선을 얼마나 깊이 사랑하는지 그는 절절히 실감했던 것이다.

뒷이야기 넷

하버드에 감명받아 최초의 국비 미국 유학생이 된 유길준

유길준(兪吉濬, 1856년~1914년)은 조선 후기의 문신이자 외교관이며, 대한제국의 정치가·개화 사상가·계몽운동가이다. 영어, 라틴어, 중국어, 일본어에 능통했던 해외 유학파의 원조로서, 유명한 책 서유견문(西遊見聞, 서양 여행기)의 저자이기도 하다.

노론 명문가의 자제였던 유길준은 25세 때인 1881년 봄, 친구인 민영익의 천거로 일본시찰단의 한 사람에 선발되었는데, 1881년 5월 도쿄에 도착하여 일본의 신문물을 시찰하며 유길준은 일본의 개화된 풍경을 접하자 일본에 남아 공부하기를 희망하였다. 조선인

유길준

최초의 국비 유학생으로 선발된 그는 후쿠자와 유키치(福澤諭吉)가 경영하던 게이오 의숙(慶應義塾)에 입학하여 문명개화론자인 후쿠자와 유키치의 집에서 기거하며 일본어, 영어, 의학, 세계사 등을 배웠다.

이때 일본 유학기간 중 일본에 교환교수로 와있던 생물학자 겸 동양학자인 에드워드 모스(Edward S. Morse) 교수를 만나 사귀게 되는데, 그 인연으로 인하여 나중에 보스턴에서 그를 다시 만나 큰 도움을 받게 된다.

1883년 봄 일본 유학생활을 마치고 귀국한 유길준은 외무낭관(外務郎官)에 임명되었다가, 1883년 7월 보빙사(報聘使)의 일원으로 민영익을 수행하여 미국을 방문하던 중 하버드대학교를 둘러본 후 크게 감동을 받고 정사(正使) 민영익에게 허락을 받아 최초의 국비 미국 유학생으로 보스턴에 남게되었는데, Percival Lowell의 주선으로 Percival Lowell의 절친이기도 했던 에드워드 모스(Edward S. Morse)를 다시 만나게 된다.

Edward S. Morse는 달팽이 천재로, 하버드대 동물학박물관의 Louis Agassiz 교수의 조수로 일했고, 1871년부터 1874년까지 Bowdoin College의 해부학 및 동물학 학과장으로 재직했

Edward S. Morse   출처: Wikipedia

다가 1874년에는 하버드대의 강사가 되었다.

1877년부터는 3년간 도쿄제국대학에 동물학 교환교수로 근무하면서 5,000여 점 이상의 일본 도자기를 수집하였으며, 그 후에도 여러 번 일본을 왕래하다가 사망 시에는 자신의 소장

1799년에 설립된 한중일 도자기 등 아시아 유물 박물관인 Peabody Essex Museum　　　　　출처: Wikipedia

도서 전부를 동경제국대에 유증한 일본통이었다.

　유길준은 보스턴에서 차로 30분 거리의 매사추세츠 주 세일럼(Salem)에 있는 Morse 교수의 집에 얼마간 머물며 1884년 가을학기의 대학 진학을 목적으로 개인지도를 받다가 6년제 과정인 Governor Dummer Academy에 3학년으로 편입해 들어간다.

　정부지원금이 넉넉하지 못했던 그는 Morse 교수의 도움에도 불구하고 아르바이트로 학비와 생활비를 조달해야 했다. 학업과 생계를 병행하면서도 그의 성적은 우수한 편이었다. 자기보다 열 살 어린 학생들과 함께 영어·수학·지리·라틴어 등을 공부하는 것이 쉽지 않았지만 학습 능력은 뛰어났다. 석 달 만에 독학으로 영어회화가 가능했고, 수학 시험에서 100점, 지구과학 시험에서 94점, 다른 시험에서 87점을 맞았다.

　유길준은 Academy에 재학중 멘토인 모스 교수와 많은 편지를 주고받았고, 조선으로 돌아온 후에도 계속해서 편지를 주고받았다. 그들이 주고받은 수많은 편지들은 유길준이 미국에 머무는 동안 기증했던 한국 의류 및 액세서리들과 함께 지금도 피바디 에섹스 박물관의 한국 예술과 문화 컬렉션의 핵심으로 남아 있다. 현재 2,500점 이상의 한국 유물이 소장되어 있는 피바디 에섹스 박물관 경내에 2003년 9월 '유길준기념관'이 설치되기도 하였다.

　이후 그는 학업을 계속하여 1885년 Dummer Academy를 졸업하고 보스턴 대학교에 입학한다. 그러나 정작 보스턴대학에는 그의 출석을 확인할 수 있는 기록은 없다고 한다.

그의 유학생활은 1884년 가을에 발발한 갑신 정변의 실패로 인해 재정 지원이 끊기자, 결국 그 는 약 2년간의 미국 유학생활을 접고 1885년 9 월 보스턴에서 런던을 거쳐 수에즈 운하를 지 나 일본을 경유하여 조선으로 귀국하게 된다. 그리고는 '서유견문'(西遊見聞)의 원고를 집필하 기 시작한다. 기존의 한문 위주에서 벗어나 최초 로 국한문 혼용체를 사용한 '서유견문'의 원고는, 1895.4.25. 초판 1,000부의 책을 찍어 정부 고관 을 비롯한 당시의 유력자들에게 무료 배포함으로 써 자신이 주도하던 근대화 개혁의 필요성과 정당 성을 홍보하는데 활용하였다.

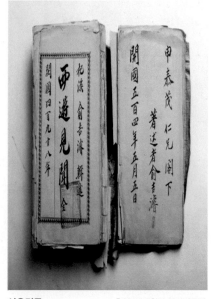

서유견문   출처: 배재학당 역사박물관

전 20편, 556쪽으로 이루어진 '서유견문'은 세계 의 정치, 경제, 지리를 상세하게 다루고 있는데, 한 마디로 이 책의 취지는 "세계는 넓다. 눈을 떠라."였 다. 조선의 문명화를 위해서는 선진 세계에 문호를 열고, 내정을 개혁하고 실용적으로 개화해 야 한다는 것이었다. 특히 성별, 나이, 인종에 관계없이 모든 인간은 평등하며 존엄하다는 개인 적 권리에 대한 서양의 가치관을 강조하여 소개했다.

'서유견문'은 공립 소학교 혹은 사립학교의 교과서로 활용되기도 하고, 독립신문·황성신문 등에 실리기도 하였으며, 이승만, 안창호를 비롯한 계몽 활동가들에게도 읽힘으로써 개화 사 상을 보급하고 근대화 운동을 발전시켜 나가는데 크게 기여하였다.

뒷이야기 다섯

하버드 캠퍼스 투어 후 한국인 최초의 미국대학 졸업생이 된 변수

미국 대학의 교복을 입은 변수
출처: 메릴랜드대 도서관 특별 컬렉션

변수(邊燧, 1861.~1891.10.22.)는 부유한 역관 집안 출신으로, 외국어를 조기 교육받은 조선 말의 개화파 관료이자 외교관이었다.

그는 아버지의 친구인 강위에게 글을 배웠는데, 김옥균과 아는 사이인 스승 강위 덕에 김옥균을 알게 되었다. 또한 직업상 외국과의 접촉이 잦았던 조부와 부친의 영향으로 일찍 개화사상에 눈을 떴으며, 개화파 박규수·오경석의 문하에 출입하면서 근대화 의식이 확실해졌다.

1882년 1월 김옥균이 일본을 시찰할 때 그를 수행하여 일본에 건너가, 교토에서 양잠술과 화학에 관심을 가지고 공부하다, 그해 7월 임오군란이 일어났다는 소식을 듣고 학업을 중단하고 귀국하였다. 그러나 곧 임오군란이 진압되고 일본과의 제물포조약이 체결되자, 1882년 8월 조선에서 일본에 파견한 수신사 박영효의 수행원이 되어 서장관 민영익·서광범·김옥균 등과 다시 일본으로 건너가, 직전에 중단했던 양잠술과 화학 공부를 마저 마치고, 1883년 3월 귀국하였다.

귀국한 지 두 달 만인 1883년 7월에는 미국에 파견되는 보빙사 사절단의 수행원으로 자원하여, 태평양을 건너 미국에 건너갔다. 미국에서 하버드 캠퍼스를 경험하였으며, 보스턴 인근 미국 방직공장을 방문하였을 때 그의 전문적인 질문들은, 당시의 미국 기자들을 놀라게 했다는 기록이 남아있다.

미국 방문 사절단의 임무를 마치고 돌아올 때는 지구 반대편을 돌아 대서양과 지중해를 거쳐 인도양을 건너 세계일주를 하고 1884년 5월 말에 조선으로 귀국하였다.

귀국 후 1884년 7월 통리교섭 통상사무 아문(統理交涉 通商事務 衙門, 오늘날의 외교통상부), 우정국, 군국사무 아문의 각 주사로 전근 발령되었다. 그 직후 23세인 1884년 10월 17일 김옥균 등과 함께 갑신정변에 참여하여, 거사 당시 1개의 행동대를 지휘하며 일본 영사관 군인들과 낭인들을 동원하여 연경당(演慶堂) 경비를 맡았다. 갑신정변이 성공하면서 바로 통정대부 외무아문 참의(정3품)로 승진했다. 그러나 청나라군의 개입으로 정변이 3일만에 무너지자, 김옥균·서광범 등과 함께 일본 영사관에 숨었다가 인천항에서 일본배를 타고 일본으로 망명하였다.

그러나 하버드캠퍼스를 투어하고 세계일주를 한 경험이 있는 그는 비좁은 일본을 떠나기로 작정하고 1886년 1월 미국으로 건너가, 우선 베어리츠 언어학교에 들어가 어학연수를 받고 1887년 8월 수료한다. 이어서 1887년 9월 미국 메릴랜드 대학교 농업과에 입학해 농학을 전공, 1891년 6월에 이학사 학위를 취득하면서, 수석 졸업생으로 대표연설을 하는 등 한국인 최초의 미국대학 졸업생이 되었다.

그는 아주 뛰어난 성적으로 대학 재학 중인 1890년부터 미국 농무성 공무원으로 근무했으며, 1891년 9월에는 농무성 통계국 월보 제89호에 '일본의 농업'이란 글을 싣기도 하였다.

그러나 당시 작성하고 있던 농무성 보고서에 필요한 자료를 찾기 위해 모교인 메릴랜드 대학교를 방문했다가 돌아가던 길에 1891년 10월 22일 메릴랜드 대학교 입구에 있는 칼리지 역에서 안타깝게도 그만 급행열차에 치여 31세의 젊은 나이에 사망하고 만다.

그의 시신은 메릴랜드 대학 근처에 있는 아멘데일 묘지에 안장되었는데, 평소 변수를 아끼던 아멘데일 예비역 장군이 자기 묘역을 제공하고 묘비에 한글로 '벤수'라고 이름을 새기며 깊이 애도하였고, 최근 발견된 그의 졸업장은 메릴랜드 대학에서 가장 오래된 졸업장으로서 대학 내 변수기념실에 전시되어 있으며, 대학 정문 입구에는 그의 사진과 소개문이 나란히 새겨져 있다고 한다.

한편 1994년 메릴랜드 대학에서는 그의 생애를 기념하여 '변수장학금'을 설립하였고, 메릴랜드대 한국동문회에서는 한국학을 공부하기 위하여 한국에 유학오는 미국 대학생을 매년 2명씩 선발하여 '변수 추모 장학금'으로 1인당 5,000달러씩 지원한다고 한다.

2003년에는 워싱턴 DC 지역의 한인이민 100주년 기념사업회가 변수 선생의 선구자적 삶을 기리기 위해 묘비를 제작하여 제막식을 가졌다.

4 _____ 하버드 스타디움
: 하버드에서 쫓겨날 뻔한 미식축구팀

1903년의 개장 기념 대항전인 하버드대와 예일대의 미식축구 경기에서 최초로 사용된 이 스타디움은, 1903년부터 2020년 시즌을 맞기까지 719 경기를 치러냈다.

하버드 스타디움에서의 미식축구 경기 모습

그러나 몇 시즌이 지나면서, 이 화려한 스타디움의 겉옷을 입고 교만해지기 시작한 미식 축구팀이 마치 콜로세움(Colosseum)의 투우사나 검투사인양 과격한 플레이를 펼치는 바람에 심각한 부상들이 잇달아 발생하자, 하버드대 당국은 미식 축구 경기의 규칙을 바꾸거나 아예 하버드에서 미식 축구 종목을 퇴출시켜야 한다는 의견이 터져 나왔다. 실제로 다른 여러 대학에서는 이미 미식 축구를 중단하는 대신 럭비를 선호하기도 하였다.

그러자 하버드에서도 미식축구 종목이 금지당할 것을 우려한 대학선수협회는 즉각적으로 모든 경기규칙의 원만한 변경을 수용하였고, "미식축구는 광적으로 야만적이라서 학문의 전당인 하버드에 적합하지 않다."는 엘리엇 총장의 반대에도 불구하고, 가까스로 이사회에서 미식축구를 계속 허용하는 것으로 투표안이 통과되었다.

실로 20세기 초 무렵의 미식 축구는 극도로 폭력적인 스포츠였다. 1905년에만 18명의 선수가 사망하고 159명이 중상을 입었다. 그래서 미식 축구를 없애자는 광범위한 움직임이 있었지만, 하버드 동문이기도 한 당시의 미국 대통령 시어도어 루즈벨트가 개입하여 이 열정적인 스포츠를 살리는 대신 경기 규칙을 개정하여 폭력성을 완화하기로 중재하였다. 1906년에 Roosevelt는 62개 대학의 Football 대표들을 모아 NCAA의 전신인

Harvard Stadium 내부   출처: Harvard University

Harvard Stadium 외부   출처: Stephanie Mitchell/ Harvard University

Intercollegiate Football Conference를 결성시켰다.

그런 우여곡절을 겪은 끝에 겸손해진 하버드의 미식축구는, 이후 하버드 역사상 가장 유명한 미식축구 코치인 퍼시 허튼의 지도 아래 황금기를 맞이하게 된다. 허튼이 코치로 재직하였던 1908년에서 1917년 사이 하버드는 드디어 이 종목에서 예일대를 압도하기 시작하였던 것이다.

지금도 찰스강변 솔져 필드를 감싸는 도로의 북쪽에 위치한 '허튼 코치 기념비'에는, 이 하버드의 전설적인 미식축구 코치가 터치 라인에 웅크리고 있는 모습과 그 옆에서 허튼 코치의 지시를 따라 공을 차고 안고 달리는 한 무리의 선수들이 돋을새김 조각품으로 남아 있다.

지난 30년간의 '하버드 vs 예일'의 미식축구 전적은 20대 10으로 하버드가 우세였지만, 특히 Drew Faust 여성 총장이 재임했던 9년 동안에는 하버드가 9전 9승으로 9연승을 거두며 기염을 토하였다.

그리하여 오늘날에도 여전히 메모리얼 처치, 와이드너 도서관, 메모리얼 홀, 하버드 홀과 함께 Harvard Stadium은 '하버드의 영혼과 정신과 육체'를 대표하는 의미로 내세워지곤 한다.

뒷이야기 하나

대통령의 플러팅, 하버드 스타디움에 얽힌 루즈벨트 대통령의 첫사랑

하버드 스타디움에 얽힌 러브스토리 하나를 잠깐 소개하고자 한다. 하버드 출신의 장차 4선 미국 대통령이 되는 프랭클린 루즈벨트(Franklin Delano Roosevelt, 약칭 FDR, 1882~1945)가, 젊은 날 오랫동안 짝사랑해 오던 먼 친척(13촌) 엘리너(Anna Eleanor Roosevelt, 1884~1962)를 초청하여 하버드 스타디움 개장 바로 그날 하버드와 예일의 경기를 웅장한 스탠드에 앉아 함께 관람하였다.

1898년의 엘리너, 1913년의 루즈벨트   출처: Wikipedia

열광의 도가니였던 Football 경기에 엘리너가 감동하자 용기를 얻은 프랭클린 루즈벨트는 바로 다음날 그녀에게 프로포즈를 하였고, 1903년 그해에 즉각 약혼하게 된다. 두 사람은 1905년 3월 17일 당시 대통령인 엘리너의 큰아버지 시어도어 루즈벨트의 손을 잡고 신부가 입장하며 웨딩마치를 올렸다.

"높은 관람석에 앉아, 열기에 가득 찬 하버드의 미식축구 경기를 관람하다 보면, 우리는 삶의 근본적인 부분을 보여주는 이 장관에 강렬한 영혼의 자극을 받는다."라고 한 하버드대 철학 교수의 말이 사실임을 알게 해 주는 일화이다.

세월이 흘러 상원의원, 부통령후보 등 한창 왕성하게 활동을 하던 루즈벨트가 39세 무렵에 갑자기 소아마비로 하지마비가 되어 걷지 못하고 휠체어를 타고 다니게 돼 절망

1905년의 웨딩사진   출처: Wikipedia

에 빠졌을 때, 아내인 엘리너에게 "이제 나는 영원한 불구자야! 당신, 그래도 나를 사랑할 수 있겠어?"라고 비관하자, "아니, 그럼 내가 지금까지 당신의 두 다리만을 사랑했단 말이에요?"라는 아내의 재치있는 말에 루즈벨트는 큰 용기를 얻었다. 지혜로운 아내의 사랑과 격려는 남편

1908년의 루즈벨트 가족사진, 1932년 8월의 루즈벨트 부부　　　　　　출처: Wikipedia

1943년 11월 Cairo회담(조선의 독립을 보장)　　　　1945년 2월 Yalta회담　　　출처: Wikipedia

을 다시 일으켜 세웠고, 훗날 미국 대통령이 되어 미국 역사상 전무후무한 4선 대통령으로 경제 대공황과 2차 세계대전에서 미국과 세계를 구해낸 위대한 역사를 일궈냈던 것이다.

　미국 역사상 가장 존경받는 영부인으로 꼽히는 그녀는 어린 시절 부모를 잃고 어렵게 자랐지만, 오히려 고난과 역경을 통하여 연단된 속 깊은 성품으로 인하여 대인관계가 탁월하였고, 약간의 외모 콤플렉스에도 불구하고 주체적인 사회적 위치를 확보하며 인권운동가, 사회운동가로

Anna Eleanor Roosevelt　출처: Wikipedia

루즈벨트 대통령의 하버드 시절 숙소 기념관   출처: Wikipedia

존경받게 된다.

　원래 Anna Eleanor는 빼어난 미모의 어머니에게서 태어났지만, 그녀의 뻐드렁니 등 기대에
미치지 않는 외모로 인하여 엄마로부터 예쁨을 받지 못한 채 수줍은 소녀로 자랐다고 한다. 설
상가상으로 엘리너는 8살 때 엄마가 사망하고 2년 후 아버지마저 사망하는 바람에 외할머니
의 손에 길러지게 되었다. 그녀는 외롭고 슬프게 자랐지만, 그로 인하여 진주처럼 맺힌 약자에
대한 감수성이 나중에 흑백 인종차별 철폐, 저소득층 지원 확대 등 소외계층과 약자들을 위한
인권운동가로 우뚝 서게 만든다. "어느 누구도 당신의 허락 없이는 당신에게 열등감을 줄 수
없다."라고 그녀는 말하였고, "나를 조절하려면 머리를 써야 하고, 남을 조절하려면 마음을 써
야 하지요."라고 말하였다.

　현재 애덤스 기숙사에는 프랭클린 D. 루즈벨트 대통령이 학생시절인 1900년부터 1904년
까지 살았던 Westmorly Court(현재 B-17)에 당시의 하버드 학생 생활의 모습을 볼 수 있는 가
구 및 소품들을 복원하여 전시하고 있는 대통령의 하버드 숙소 기념관 'The FDR Suite'가 운영
되고 있다.

　FDR재단이 주관하여 시공한 '루즈벨트의 숙소'(The FDR Suite) 복원 작업은 6년간의 연구와
30만 달러가 투여된 결과, 그 시대의 가구와 골동품 등 2,000여 점의 전시품들을 소장하며
2014년에 개관되었다.

　그러나 'FDR 스위트'는 하버드대 'Adams House' 기숙사 내에 위치하고 있기 때문에 보안상
일반인들이 아무 때나 자유롭게 출입할 수는 없다. 다만, 2주 전에 fdrfoundation.org로 미리
이메일 예약을 하면 'FDR Suite'의 30분짜리 개인 투어가 가능하다. 그룹투어인 경우에는 12
명으로 제한된다. 하버드 커뮤니티 회원들은 관람료가 무료이지만, 외부인은 소정의 투어 요
금을 내야 한다.

5 _____ 하버드 최초의 여교수, 하버드의 '퍼스트 레이디' 엘리스 해밀턴

Alice Hamilton   출처: Wikipedia

Alice Hamilton(1869.2.27.~1970.9.22.)은 1919년 하버드 대학 최초의 여성 교수이자 의대 교수로 임용된 미국의 의사로, 산업 현장에서의 직업병 연구를 통한 산업보건 분야의 선도적인 전문가이자 납과 수은 중독 등 산업 독성학 분야의 선구자로 잘 알려져 있다.

평생 독신으로 101세까지 살았던 그녀의 경력 전반에 걸쳐 해밀턴의 공중보건에 대한 헌신은 노동 현장에서의 근로자의 인권, 작업장 안전을 포함한 사회정의에 대한 열정으로 국내 위원회 및 국제위원회에서 지치지 않고 활동하는 것으로 일관되었다. 그녀의 삶은 그녀의 재능과 마찬가지로 정말 대단한 것이었다.

Alice Hamilton의 아버지는 Princeton University와 Harvard Law School 출신으로 부유한 설탕 수입업자의 딸과 1866년에 결혼하여, 1869년 Alice Hamilton을 출산하였다.

유복한 삶을 살았지만 해밀턴은 독실한 기독교 신자로서 세상에 유용한 일을 하는 사람이 되기를 열망했고, 그 방편으로 의학을 선택했다. 소녀 시절 그녀는 페르시아(지금의 이란)의 수도 테헤란의 의료 선교사가 되고 싶었다. 그러나 자기가 진정한 선교사가 될 수 있을 만큼 좋은 사람이 될 수 있을지 의문이 들자, 그 대신 병자를 돌볼 수 있는 의사가 되고 싶었다. 그리하여 해밀턴은 포트웨인 의과대학에 진학하여 해부학을 1년 동안 공부하고, 1892년에 University of Michigan Medical School에 편입하여 의학 교육을 받았다.

의과대학을 졸업한 후 해밀턴은 매사추세츠주 보스턴 교외에 있는 뉴잉글랜드 여성 및 아동병원에서 인턴십을 하여 임상 경험을 쌓은 다음, 1895년 2월 미시간 의대로 돌아가 레지던트 및 실험실 조교로 세균학을 공부하며, 공중 보건에 대한 관심을 키우기 시작하였다.

1896년 9월 그녀는 존스 홉킨스 대학 의과대학에서 1년 동안 대학원 공부를 하고는, 1897년 시카고에 있는 Northwestern University의 Woman's Medical School의 병리학 교수직 제안을 받아들인다.

해밀턴은 여자 의과대학에서 가르치고 연구하는 동시에, 1897년부터 1919년까지 시카고의 'Hull House'(빈자의 집)에서 사회복지 개혁가, 인도주의자, 평화운동가 및 주민 자원봉사자로 활동한다. 지역 사회의 가난한 주민들과 나란히 생활하면서 Hamilton은 노동자들이 일산화탄소와 납 중독에 노출되어 직업상 상해와 질병 등 건강에 악영향을 받고 있는 상황을 목격하고 충격을 받는다. 그 결과, 그녀는 미국 노동자의 건강을 개선하기 위해 의학 및 사회 개혁에 관심을 쏟기 시작한다.

1902년 여자 의과대학이 문을 닫게 되자, 해밀턴은 전염병 연구소에서 세균 학자로 일하면서 산업 질병의 조사에 그녀의 연구를 집중한다. 19세기 후반의 미국 산업혁명(Industrial Revolution)이 공업 생산력의 급속한 성장과 함께 산업 현장에 초래한 직업병인 산업의학에 대한 연구가 미국에서 별로 연구되고 있지 않다는 것을 알게 된 해밀턴, 상황을 바꾸기 위하여 연구에 연구를 거듭한 끝에 1908년에 이 주제에 대한 첫 번째 보고서를 발표하였다.

마침 그녀를 알아본 일리노이 주지사가 1910년에 그녀를 일리노이 직업병 위원회의 의료 조사관으로 임명하면서, 그녀는 드디어 공중보건 분야에서의 오랜 경력을 시작하게 된다.

해밀턴은 납, 수은 중독 등 여러 독소들로 인한 노동자들의 질병에 관한 위원회의 보고서인 '일리노이 조사 보고서'를 작성하여 발표했고, 그녀가 주도한 위원회의 노력으로 1911년 일리노이주에서, 1915년 인디애나주에서 최초의 근로자 보상법이 통과되었으며, 다른 주들에서는 고용주가 근로자를 보호하기 위해 안전예방 조치를 취하도록 하는 직업병 법률이 통과되었다.

그녀는 미국에서 산업의학이라는 전문 분야를 개척한 선구자였다. 그녀의 의학적 발견은 과학적으로 설득력이 있었고, 근로자의 건강을 개선하기 위한 법률과 일반 관행을 변경하는 데에 커다란 영향을 미쳤다.

1919년 1월, 해밀턴은 하버드 의과대학에 신설된 산업의학과(1925년부터는 공중보건대학)의 조교수로 임명되어, 최초의 하버드 여교수가 되는 역사를 쓴다.

이날 뉴욕 트리뷴 신문은 "하버드 교수진의 여성, 최후의 성채(Castle)가 무너졌다."라는 제목으로 대서특필하였다. Boston Sunday Globe는 "하버드의 진입 장벽이 무너졌다! 올 봄부터 하버드 교수진 회의에 치마 차림의 의상이 등장할 것이다."라고 놀라워했다.

Abbott Lawrence Lowell 하버드 총장은 Harvard Board of Overseers의 존경받는 신사들이 통과시킨 첫 여성 교수 임명 결의안을 숙고하면서 "그녀가 정말로 미국에서 가장 좋은 사람이라면"이라며 어렵게 승인을 했고, 그 결과 50세의 Alice Hamilton은 283년의 금기를 깨고 하버드의 유일한 여성 교수로 진입할 수 있었던 것이다.

그러나 해밀턴의 교수직 임명에는 세 가지 제한이 따라붙었다. 그녀는 교수진 클럽에 가입할 수 없었으며, 교수진에 할당되는 축구경기 티켓을 받을 자격이 없었고, 하버드 졸업식에서 남자 교수진과 함께 행진할 수 없었다.

그러거나 말거나 의연했던 해밀턴은, 1919년부터 1935년 은퇴할 때까지 하버드대에 근무하는 동안 그녀의 요청에 따라 1년에 한 학기만을 가르치는 하프 타임 약정을 통해 깊이 있는 연구에 몰두할 수 있었고, 매년 몇 달을 '빈자의 집'(Hull House)에서 가난한 자와 이민자들을 위한 봉사활동을 계속할 수 있었다.

'헐 하우스'(Hull House)는 1889년에 설립된 '여성 공동체'로서, 주변 지역의 노동자 계급들(주로 최근의 유럽 이민자들)에게 피난처와 거처를 제공하는가 하면, 자원 봉사자들이 나서서 문학, 역사, 예술, 바느질 등과 같은 많은 주제로 수업을 개최하면서, 무료 강의, 무료 콘서트, 무료 진료를 제공하고, 어린이와 성인 모두를 위한 클럽을 운영하였다.

해밀턴은 사회개혁을 위한 조용한 활동가였다. 그녀는 소녀시절 서원했던 선교사가 아니었지만 어느 선교사보다도 더 선교사다웠다. 삶의 현장에서 자기 직업을 통한 거룩한 섬김으로 살아있는 현장 예배를 드렸기 때문이다.

연약한 시민들의 자유와 평화, 건강과 안전, 피임법, 여성을 위한 노동 보호법, 작업장에서의 독성물질 사용 반대 등에 관한 그녀의 집요하고도 특정한 관심으로 인하여 일부 비평가들은 성품이 온유했던 그녀를 급진적이자 전복적인 운동권으로 오해하기도 하였다.

1924년부터 1930년까지 그녀는 국제연맹 보건위원회의 유일한 여성 위원으로 봉사하였고, 1935년 하버드에서 은퇴하면서 미국 노동국의 의료 컨설턴트로 일하였다. 또한 1944년부터 1949년까지는 전국 소비자연맹(National Consumers League)의 회장을 역임하였다.

해밀턴은 또한 미국 최초의 교과서인 'Industrial Poisons'라는 책을 1925년에 저술하였고, 다른 관련 교과서인 'Industrial Toxicology'를 1934년에 저술하였다. 그녀가 쓴 자서전 'Exploring the Dangerous Trades'는 1943년에 출판되었고, 1949년에는 기존의 교과서 'Industrial Toxicology'의 개정판을 내기도 하였다.

하버드 메디컬 스쿨   출처: SBAmin, Wikipedia

만년의 Hamilton은 양지바른 전원주택에서 독서와 글쓰기, 스케치, 정원 가꾸기와 같은
여가 활동을 즐기며 지냈다. 앨리스 해밀턴은 1970년 가을, 101세의 나이에 집에서 뇌졸
중으로 사망하였다.

하버드 의학도서관   출처:Wikipedia

6 _____ 하버드 의학도서관에 소장돼 있는 '쇠막대가 뇌를 관통한 사나이'의 두개골

하버드 의학도서관의 5층에 있는 '워렌 해부학 박물관'(Warren Anatomical Museum)은 세계적으로 알아주는 해부학 및 병리학 박물관 컬렉션 중 하나이다.

미국 최고의 의료박물관 중 하나인 '워렌 해부학 박물관'은, 최초의 기부자인 John Collins Warren뿐만 아니라 Oliver Wendell Holmes, Sr., JBS Jackson, Henry Jacob Bigelow 같은 하버드 의사들이 보유하고 있던 소장품들의 지속적인 기여에 힘입은 바가 크다고 한다.

의학적 유물, 해부학, 유골 및 유체를 포함한 15,768개 이상의 '워렌 해부학 박물관'의 소장품으로는, 1846년 최초의 에테르 보조 수술의 공개 시연에서 사용된 W. T. G. Morton 박사의 에테르 흡입기, Azoux의 안구 종이 해부학 모델, 인간의 두개골, 한 쌍의 연결된 접착 태아 해골, 폭발한 해골, 정상적이거나 질병에 걸린 해부학 표본, 종양 표본, 정맥 및 림프계의 캐스트, 본인의 해골 주형을 포함한 Johann Gaspar Spurzheim의 골상학 컬렉션 등이 있다.

그중에서 방문객들에게 가장 유명하고도 가장 호기심을 끄는 전시품은 피니어스 게이지(Phineas Gage)의 해골이다. 철도 노동자였던 그는 5kg의 쇠막대가 머리를 관통했는데도

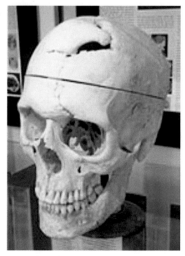

Gage의 두개골

출처: Wikipedia

사고가 난 암석 발파 현장   출처 Wikipedia

살아남았다. 이 사고 후 성격이 바뀐 게이지의 사례를 통하여 뇌 과학적으로 뇌가 성격과 정체성을 어떻게 관장하는지를 연구하는 데 큰 계기가 되었다고 한다.

피니어스 게이지(Phineas Gage, 1823.~1860.)는 미국의 철도 부설 작업장의 반장이었다. 1848년 9월 13일 오후 4시 30분경, 25살의 Gage는 동료들과 함께 버몬트주의 한 철도 공사장에서 일하고 있었다. 철길을 가로막는 거대한 암석을 제거하기 위한 발파 작업 중 다이너마이트가 폭발하여 그 충격으로 철봉 쇠 막대기가 게이지의 왼쪽 뺨에서 오른쪽 머리 윗부분을 뚫고 빠져나가는 사고를 당한다.

보다 정확하게 묘사하자면, 폭발 순간 Gage가 입을 벌리고 있었기 때문에 튕겨진 쇠 막대가 벌린 입을 뚫고 왼쪽 광대뼈 아래로 들어갔다. 그리고는 상부 어금니를 부수고 그의 왼쪽 눈 뒤를 지나, 그의 뇌의 왼쪽 전두엽의 아래를 찢은 다음, 그의 머리 뒤의 중간선 근처에서 빠져나와 그의 두개골 꼭대기를 뚫었다.

튀어나온 쇠막대는 머리 위로 치솟은 후 포물선을 그리며 25야드(약23m) 떨어진 곳의 흙더미에 꽂혔다.

다행히 Gage는 성실한 의사 존 마틴 할로우(Dr. John Martyn Harlow)에게 치료를 받아 죽을 고비를 넘겼지만, 그의 머리에는 지름 9cm가 넘는 구멍이 생겨 두개골의 상당 부분과 왼쪽 대뇌 전두엽 부분이 손상되는 심각한 상처를 입게 되었다. 그러나 놀랍게도 사고 후 약 한 달이 지나자 그는 완벽하게 회복되었다.

의사 Harlow는 Gage 및 그의 가족들과 몇 년 동안 함께 지내며 게이지의 행동들을 관찰하게 되는데, 그가 발견한 흥미로운 점은 사고 전후로 게이지의 성격과 행동양상이 완전히 뒤바뀐다는 것이었다.

Gage가 사고 전에는 조용하고 정중했으며 단정했지만, 사고 후에는 변덕스럽고 욕설이 심하고 돈에 대한 관념이 부족했다. Harlow는 Gage의 이러한 성격 변화를 "그의 지적 능력과 동물적 성향 사이의 균형이 깨진 것 같다."고 요약하였다. 심지어 가까운 친구들조차 Gage가 "더 이상 Gage가 아니다."라고 말할 정도였다.

그러한 성격적인 변화를 위험하게 여긴 철도회사가 Gage를 작업반장으로 복직시키지 않았기 때문에, 생계가 막연해진 Gage는 돈을 위해 뉴잉글랜드 지역을 순회하며 자신과 자신을 뚫고 지나간 쇠막대를 보여주는 일을 하게 된다. 뉴욕에서는 Barnum's American Museum 에서 일종의 살아있는 전시품 역할까지 하였다.

자신을 관통한 철봉을 들고 있는 Phineas Gage 　　　　　　출처: Wikipedia

Phineas Gage의 사고 후 성격 변화에 대한 논란이 많자, 하버드의 Henry Bigelow 박사는 1849년 공식적인 평가를 위해 Gage를 하버드 의과대학에 데려온다.

Bigelow는 Gage의 감각 및 운동 결함에 대해서 면밀하게 테스트한 다음, Gage가 여전히 잘 걷고, 말하고, 보고, 들을 수 있었기 때문에 그의 뇌가 정상이라고 결론지었다.

그러나 학계에서는 여전히 갑론을박이 심했다. 대뇌 전두엽 손상이 성격과 행동에 큰 변화를 준다는 피니어스 게이지(Phineas Gage)의 사건은 19세기 신경과학에 큰 논쟁을 불러 일으켰고, 뇌의 특정 부위의 손상이 성격과 행동에 영향을 준다는 것을 처음으로 제시한 계기가 되었다.

그의 직무수행 경력과 나중에 발견한 초상화에 의하면, Gage의 사고 직후 심각했던 정신적 변화가 일시적인 것이 아니었겠는가 하는 견해가 유력하다고 한다.

왜냐하면 그 사이 Gage는 마침내 뉴햄프셔에서 마차를 모는 직업을 발견하여 18개월을 일한 후, 1852년에 남미 칠레로 건너가 산티아고의 험준한 산악 트레일을 따라 운행하는 장거리 역마차 운전사로 7년 동안이나 무사고로 일하였기 때문이다. 특히 그가 외눈박이였음에도 불구하고 말이다.

1859년에 그는 어머니와 누이가 이사한 샌프란시스코로 복귀하여 태평양의 증기선을 타거나 인근 산타 클라라에서 농장 노동자로 일하였다. 그러나 1860년 2월에 간질 발작 증세가 시작된 이래 발작의 빈도와 심각성이 증가하자 1860년 5월 18일 Gage는 산타 클라라를 떠나 샌프란시스코 어머니의 집으로 돌아가, 1860년 5월 21일 뇌 손상과 관련된 간질성 발작으로 결국 사망하게 된다. 1848년 불의의 사고를 당한 후 12년만에 사망한 것이었다.

Warren Anatomical Museum Exhibition Gallery를 견학하기 위해서는 방문하기 최소 2주 전에 투어 요청을 하여 예약을 해야 하며 입장료는 무료이다.

보안상 7명 이상의 그룹이 한꺼번에 전시장에 들어가는 것을 허용하지 않으므로, 7명 이상의 그룹은 반드시 사전 예약을 해야 하며, 전시 갤러리 투어 그룹은 20명을 초과할 수 없다.

현장을 방문하여 해부학 박물관을 둘러보려면, Brigham T(브리검 T) 정류장 옆에 있는 대형 콘크리트 건물인 '의학 도서관'(Countway Library)을 찾아가, 뒤쪽 입구로 가는 것이 가장 편하다.

Countway Library 로비에서 해부학 박물관의 전시 갤러리로 이동하려면, 가이드와 함께 입장하여 엘리베이터를 타고 5층까지 가야 한다. 투어는 일반적으로 약 45분 동안 진행된다.

7 _____ 모든 것을 다 바치고 평생 독신으로 떠나간 JP Morgan의 창업자 Peabody

George Peabody　　출처: Wikipedia

위대한 자선사업가 조지 피바디(George Peabody, 1795~1869)의 아버지는 그가 겨우 11세이던 시절, 사망하였다. 그후, 소년 가장이 되어 어머니와 여섯 동생을 먹여 살리느라 학업도 중단하고 삼촌의 잡화점에 취업하여 밤낮을 가리지 않고 일하며 초등학교를 중퇴하였지만 그는 그것을 고생이라 생각하지 않고, 일하는 과정에서 고객에게 친절히 대하며 물건을 사고 파는 방법과 장부를 깔끔하게 정리하는 법부터 정직, 성실, 신용, 책임감, 일에 대한 열정에 이르기까지 직장생활 속에서 실물경제와 사업수완을 배웠다.

월급에서 가족을 부양하고 남는 돈을 꾸준히 저축해 일정한 자금을 모은 그는 21살이 되자 자기 사업을 하기로 결심한다. 면화 수출입 및 직물업에 손을 댄 것이 제대로 성공하여 제법 큰 돈을 벌게 되면서, 돈만 생기면 신흥 개발도상 국가였던 미국의 여러 주 지방정부가 경제개발 자금 조달 목적으로 발행하는 채권(Bond)을 헐값에 인수하곤 하였다. 그러다가 미국이 멕시코 전쟁에서 승리하고 텍사스와 캘리포니아에서 골드 러시가 터지면서 자신감이 붙은 미국의 각 주 정부들이 일제히 채권의 원리금 지급을 정상화하자, 피바디는 엄청난 수익을 올리게 되었고 영국에 설립했던 Peabody의 금융회사는 로스차일드에 이어 자본금 3위의 은행이 되었다.

피바디는 엄청난 부를 거머쥐었지만 결혼도 하지 않은 채 자기를 절제하며 검소하게 살았다. 평생 독신이었던 그는 물려줄 상속인이 없는 상황에서 재력이 너무너무 컸기 때문에 나이가 들면서 후계자를 물색해야 했다. 그의 후계 조건은 국제 통상에 경험이 있으며 돈의 흐름을 알고 사교적인 미국인이어야 한다는 것이었다. 그리하여 58세가 되던 1853년에 친구의 소개로 금융업자 J.S. 모건(Junius Spencer Morgan)을 만나게 된다. 그가 바로 J.P. 모건(John Pierpont Morgan)의 아버지였다. 피바디가 그들에게 내건 조건은 10년간 동업을

Harvard University Housing 피바디 테라스 단지

출처: Wikipedia

하되, 동업이 끝나면 자신은 은퇴한다는 것이었다. 모건 부자는 예기치 않은 행운에 깜짝 놀랐으나 활짝 웃으며 피바디의 조건을 흔쾌히 받아들였고, 1854년 피바디의 금융회사에 파트너로 참여하여 열심히 일한다. 1864년 동업계약이 만료되자 69세의 피바디는 미련 없이 회사를 떠났고 George Peabody & Co.는 J.S. Morgan & Co.(후에 J.P. Morgan & Co., 2000년부터 JPMorgan Chase & Co.)로 간판을 바꿔 단다. 한때 세계최대의 금융자본이었던 모건 금융제국의 신화가 그렇게 거기에서부터 비롯되었던 것이다.

은퇴 후 Peabody는 74세로 사망할 때까지 당시 돈으로 1천만 달러가 넘는 천문학적인 재산을 쏟아 부으며 영국과 미국 두 나라에서 여한 없이 자선사업에 헌신하는 인생 최고의 결정을 한다.

영국에서는, 도시 빈민들의 주거환경 개선 사업을 위하여 피바디 기부 기금(Peabody Donation Fund, 현재의 PEABODY TRUST)을 설립하여 2,500,000달러라는 어마어마한 거액을 내놓았다.

미국에서는, 가난 때문에 자기와 같은 교육적 어려움에 빠지지 않게 하기 위하여 미국 전역의 초중등 학교 및 대학 등 22개의 교육기관에 거액의 재정지원을 아낌없이 퍼부어, 각급 학교, 대학, 도서관, 박물관, 음악원, 미술관 등의 건축 자금, 시설 운영 자금, 장학금을 기부하였다.

그가 처음에 사업의 기반을 다졌던 메릴랜드 볼티모어(Maryland Baltimore) 시에 애정을

피바디 테라스 단지의 야경   **피바디 테라스 단지 입구**

갖고, 그는 현재 Johns Hopkins University의 일부인 George Peabody Library(1982년 존스 홉킨스 대학에 편입됨)와 Peabody 음악원(1977년 존스 홉킨스 대학에 편입됨), Peabody 미술관을 포괄하는 피바디 연구소(Peabody Institute)를 건립하도록 1,400,000달러를 기부하였다. (재미있는 것은 George Peabody(1795~1869)와 동갑내기이자 같은 독신주의자였던 Johns Hopkins(1795~1873)는 화물 운송업으로 일군 전 재산인 700만 달러를 기부하여 같은 Baltimore 시에 1876년 존스 홉킨스 대학을 설립하도록 하였다)

Peabody는 1866 하버드대에 고고학 및 민속학의 '피바디 박물관' 건립기금으로 150,000달러를 기부함과 동시에, 나중에는 하버드 대학원생 아파트 기숙사인 Peabody Terrace가 건축되도록 지원하였고, 1866년 예일대에 Yale Peabody 자연사박물관 건립기금으로 150,000달러를 기부하였다.

물론 피바디는 고향마을에도 기부를 아끼지 않았었고, 지금도 고향마을에 있는 Peabody Essex Museum은 회화, 조각, 사진, 그림, 직물, 건축 및 장식물 등 180만 개 이상의 뛰어난 작품들을 소장하며 전시하고 있는 미국에서 가장 오래된 대형 박물관 중 하나이자 연 평균 35만 명이 찾는 관광명소로서, 특히 박물관 1층에는 2003년에 설치된 78평

규모의 '유길준 전시실'이라는 이름의 한국 유물 전시실도 있다.

그는 남북전쟁(1861.4.~1865.5.)에 패하여 폐허가 된 남부에도 구호의 손길을 보냈다. 1867~1868년에 그는 미국 남부의 가난한 아이들의 지적, 도덕적, 산업 교육을 장려하기 위해 350만 달러 규모의 피바디 교육기금(Peabody Educational Fund)을 설립했다. 당시의 백인 우월주의와 인종차별 분위기에도 불구하고 가난한 흑인들까지 포함한 공립학교 교육 개선을 위해 거액을 기부한 최초의 위대한 자선이었다.

더 나아가 Peabody는 죽기 직전에 자신의 남은 모든 재산을 출연하여 피바디 자선 재단 법인을 설립하여 자기 사후에도 자선사업이 계속되도록 장치해 놓았다. 그리하여 그의 사후인 1875년 밴더빌트 대학 안에 조지 피바디 교육대학 설립, 1877년 피바디고등학교 설립, 1901년 텍사스 휴스턴 주립대학에 피바디 메모리얼 도서관, 1913년 미시시피 대학교에 조지 피바디 빌딩, 아칸소 대학에 피바디 홀, 조지아 대학에 피바디 홀, 플로리다 대학에 피바디 홀, 루이지애나 주립대학에 피바디 홀, 1914년 버지니아 대학에 피바디 홀 등이 건립되었다.

뿐만 아니라 1941년 이래 미국의 라디오 및 TV 방송 프로그램 중 탁월한 프로에 상을 수여하는 권위있는 피바디 상(Peabody Awards)이 제정되어 시상되고 있다.

그런 Peabody에게 하버드 대학에서는 명예 법학박사 학위를, 옥스포드 대학에서는 명예 민법학 박사학위를 수여하였고, 후원을 받은 미국 전역의 수많은 초등학교와 고등학교가 그의 이름을 따서 학교명을 Peabody로 바꿨다. 곳곳마다 도로 이름, 건물 이름, 심지어 호텔 이름에도 Peabody라는 이름이 올라갔다.

어린이집이 있는하버드대 'Peabody Terrace'의 Playroom　　출처: Peabody Terrace

필자의 '피바디 테라스' 거실에서 내려다본 전경

신문에서는 미래의 미국 대통령 후보로 George Peabody를 띄우기 시작했고, 1867년에는 미국의 대통령 입후보자들이 서로 Peabody를 부통령 후보로 영입하려는 경쟁이 붙었을 만큼 인기도가 대단했지만, 정치권의 러브 콜을 고령을 이유로 마다한 그는 권(권력), 금(재물), 성(정욕)을 초개같이 여기며 오로지 기부와 자선사업에만 전념하였다. 그는 노력에 비하여 많은 재물이 들어온 것은 남보다 운이 좋았기 때문이고 그 행운은 하나님의 손길이 맡기신 것이라며 '맡은 자가 할 일은 나누는 것'이라는 청지기정신을 실천해 보였다.

그가 1869년 74세로 사망했을 때, Peabody의 시신은 고인의 뜻에 따라 고향인 Peabody시로 옮겨져, Boston에서 약 25km 떨어져있는 Massachusetts주 Salem에 있는 하모니 그로브 묘지에 묻혀 영원히 잠들었다.

참고문헌

Alfred Keane Moe, 「Kessinger's Legacy Reprints」, 『A History of Harvard』, 1896

Andrew McFarland Davis, 「Class Reprints」, 『John Harvard's Life in America or Social And Po‒litical Life in New England in 1637‒1638』, Reprinted from The Publications of the Colonial Society of Massachusetts Vol. XII, printed and bound in India: Pranava Books

Arthur Stanwood Pier, Vernon Howe Bailey, 「Kessinger's Legacy Reprints」, 『The Story of Har‒vard』, 1913

Blair Kamin, 『Gates of Harvard Yard』, New York: Princeton Architectural Press, 2016

Douglass Shand‒Tucci, 『Harvard University』, New York: Princeton Architectural Press, 2001

Harvard Public Affairs & Communications, 『Explore Harvard: the Yard and Beyond』, Cam‒bridge, Mass: Harvard University Press, 2011

John T. Bethell, Richard M. Hunt, Robert Shenton, 『Harvard A to Z』, Cambridge, Mass: Harvard University Press, 2004

로널드 퍼거슨(Ronald F. Ferguson), 타샤 로버트슨(Tatsha Robertson), 정미나 옮김, 『하버드 부모들은 어떻게 키웠을까』, 웅진 지식하우스, 2019

무천강, 이에스더 옮김, 『하버드 부자수업』, 리드리드출판, 2020

아오노 추타쓰, 『하버드 영어학습법』, 이퍼블릭, 2016

우융후이, 김선영 옮김, 『이것이 하버드다: 세계 최고의 대학을 만들어낸 정신은 무엇인가』, 글항아리, 2012

웨이슈잉, 이정은 옮김, 『하버드 새벽 4시반』, 라이스메이커, 2014

장바오윈, 장려진 옮김, 『하버드의 사생활』, 라의눈, 2016

제프리 버스강, 신현승 옮김, 『하버드 스타트업 바이블』, 유엑스리뷰, 2020

조이스 슬레이튼 미첼(Joyce Slayton Mitchell), 김성희, 최송아 옮김, 『미국 명문대를 꿈꿔라』, 형설출판사, 2013

켈리 먼로 컬버그(Kelly Monroe Kullberg), 배덕만 옮김, 『하버드 천재들, 하나님을 만나다』, 새물결플러스, 2011

코니, 하은지 옮김, 『하버드 인맥수업』, 자음과모음, 2019

강준만, 『미국사 산책』, 인물과사상사, 2010

김화진, 『스탠퍼드가 하버드에 간 이유』, 서울대학교출판문화원, 2018

박민환, 이효석, 배진경, 박재홍, 박지현, 이세일, 이금주, 김신예, 『하버드는 공부벌레 원하지 않는다』, 시사IN북, 2011

신은정, 『하버드, 그들만의 진실: 하버드는 어떻게 세계를 지배해 왔는가』, 시대의창, 2012

장미정,『하버드 vs. 서울대』, 도서출판 답게, 2005

정의석,『하버드 도서관 24시: 하버드 학생들을 통해 삶에서 배워야 할 소중한 원리』, 북씽크, 2015

정주영,『하버드 상위1퍼센트의 비밀: 신호를 차단하고 깊이 몰입하라』, 한국경제신문, 2019

https://www.harvard.edu
https://news.harvard.edu/gazette
https://www.thecrimson.com
https://www.harvardmagazine.com
https://harvardindependent.com

하버드의 숨은 뒷이야기

초판발행	2024년 7월 31일
지은이	이지환
펴낸이	안종만 · 안상준
편 집	조영은
기획/마케팅	박부하
표지디자인	이영경
제 작	고철민 · 김원표
펴낸곳	(주) **박영사**
	서울특별시 금천구 가산디지털2로 53, 210호(가산동, 한라시그마밸리)
	등록 1959. 3. 11. 제300−1959−1호(倫)
전 화	02)733−6771
f a x	02)736−4818
e−mail	pys@pybook.co.kr
homepage	www.pybook.co.kr
ISBN	979−11−303−2050−2 03300

정 가   20,000원